Quedlinburg

Christa Rienäcker

Quedlinburg

Tausendjährige Fachwerkstadt am Harz

RV Verlag

Abbildung auf dem Umschlag: Schloßberg mit Schloß und Stiftskirche.
Frontispiz: Finkenherd.
Abbildung Seite 6/7: Marktplatz mit Rathaus und Marktkirche St. Benedikti.

Weitere Abbildungen: Jutta Brüdern, Braunschweig: 2, 6/7, 13, 18, 20, 23, 25, 27, 29r, 30, 31r/l, 32/33, 34, 36, 37, 38, 39, 40, 41, 42u, 42o, 43, 46, 47, 48, 49, 51u, 51o, 52/53, 55, 58u, 59u, 59o, 60, 61, 63, 65, 66/67, 68, 72, 73, 74, 75, 76, 79, 80, 81, 82, 84, 88, 90, 91, 29l; Archiv Jüttner's Buchhandlung, Wernigerode: 10, 15, 16/17; PhotoPress, Taufkirchen: 21r/l, 47o, 58o, 64, 83, 85; Gesamtdeutsches Institut: 92/93, 94; NRW-Staatsarchiv Münster: 14.

Idee und Reihenkonzept: Prisma Verlag GmbH, München
Autorin: Christa Rienäcker, Quedlinburg
Redaktion und Koordination: Dr. Thomas Pago, Prisma Verlag GmbH, München
Titelgestaltung, Bildredaktion, Herstellung: Prisma Verlag GmbH, München
Kartographie: RV Reise- und Verkehrsverlag GmbH, Berlin Gütersloh • Leipzig • München • Potsdam • Stuttgart
Satz und Layoutrealisation: Micropress GmbH, Taufkirchen/München
Reproduktion: Master Fotolito, Mailand
Druck und Verarbeitung: Mohndruck Graphische Betriebe GmbH, Gütersloh

Printed in Germany
ISBN 3-575-22062-X

Inhalt

Hungerplan
Dippe- Stift
Frauen-Klinik
Lazarettstr.
Schiller-str.
Schubert-Platz
Gneisenau-
Körner
Friesenstr.
Beethoven-str.
Dreckbreite
Rosa-Luxemb.-Str.
Stauffenberg-platz
Schreckens-Turm
Blankenburger Str.
Breitscheid-str.
Steinholz-str.
Wall-
Nedendorf
Volkstheater
Marschlingerhof
Lothringer Str.
Westerhäuser Str.
Kath.-Friedhof
Markt-Friedhof
West-Str.
Reinstein-str.
Sternkieker-Turm
Weingarten
Markt-schule
Marktstr.
Blasii-Friedhof
Jüd.-Friedhof
Pulver-Turm
Hohe Str.
Markt
Kruschitaki-Turm
Altst
Zwergkuhle
Pestalozzi-schule, Haus 2
Blasiistr.
Münzenberg
Wipertistr.
Altetopfstr.
Hohes Tor
Wordgasse
Word
Carl-Ritter-Str.
Westendorf
Langenbergstr.
Lange Gasse
Mühlen-worth
Wiperti Stift
Schenkgasse
Gildschaft
Brandg.
Schloß
Wiperti-str.
Mühlengraben
Schloßberg
Kaiser-
Stiftskirche
Schloß-garten
Word-garten
Gardinenwiese
Mühlenstr.
Wassertorstr.
Im Wasser-winkel
Stiefelgraben
Ritter-
Unter d. Birnbaum
Abteig
Otto-Str.
Zoll-Amt
Poli.-Klinik
Abteigarten
6

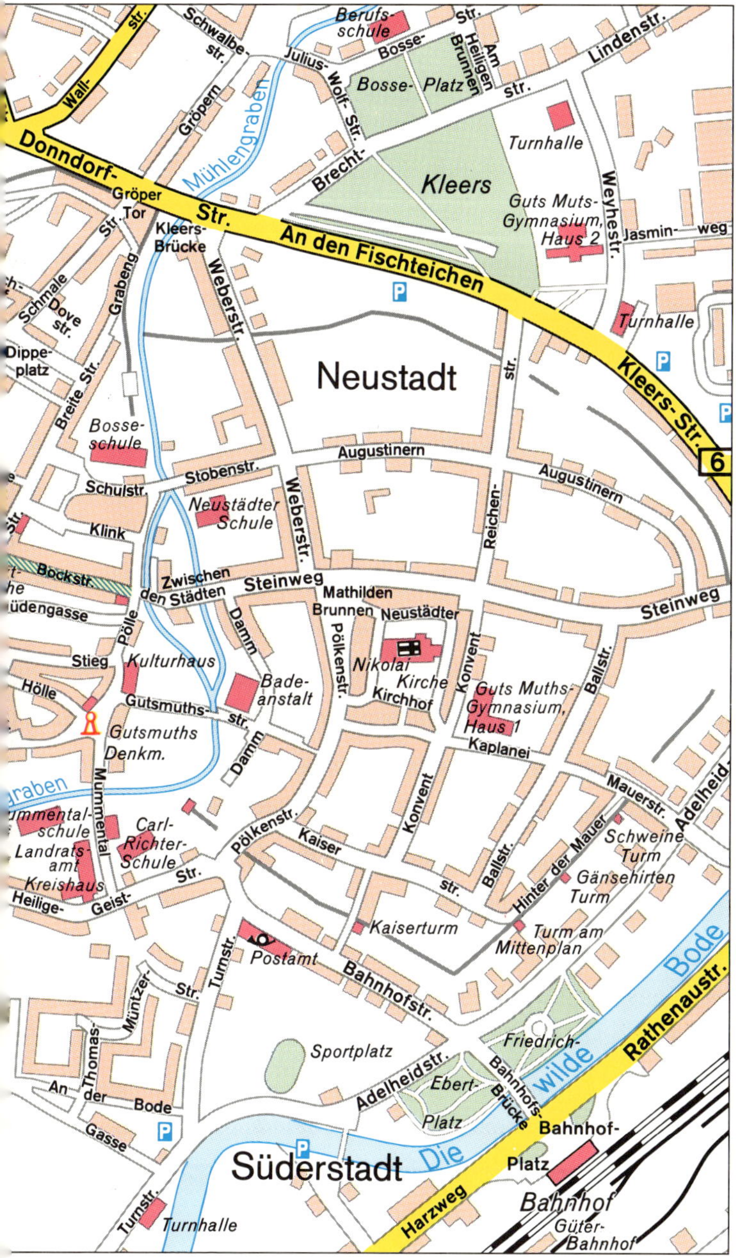

Berufs-schule
Schwalbe-str.
Wall-str.
Bosse-
Julius-Wolf-Str.
Am Heiligen Brunnen
Bosse-Platz
Lindenstr.
str.
Gröpern
Mühlengraben
Turnhalle
Brecht-
Kleers
Donndorf-Str.
Gröper Tor
Guts Muts-Gymnasium, Haus 2
Weyhestr.
Jasmin-weg
An den Fischteichen
Str.
Kleers-Brücke
Weberstr.
Schmale
Dove str.
Grabeng
Turnhalle
Neustadt
str.
Kleers-Str.
Dippe-platz
Breite Str.
Bosse-schule
6
Augustinern
Stobenstr.
Schulstr.
Neustädter Schule
Weberstr.
Reichen-
Augustinern
Klink
Bockstr.
Zwischen den Städten
Steinweg
Mathilden Brunnen
Neustädter
Steinweg
Jüdengasse
Pölle
Stieg
Kulturhaus
Damm
Pölkenstr.
Nikolai Kirche
Kirchhof
Konvent
Guts Muths-Gymnasium, Haus 1
Ballstr.
Hölle
Gutsmuths-str.
Bade-anstalt
Gutsmuths Denkm.
Damm
Kaplanei
Mauerstr.
Adelheid-
Mummental
Mummental-schule
Landrats-amt
Kreishaus
Carl-Richter-Schule
Pölkenstr.
Kaiser str.
Konvent
Ballstr.
Hinter der Mauer
Schweine Turm
Gänsehirten Turm
Heilige-Geist-Str.
Kaiserturm
Turm am Mittenplan
Turnstr.
Postamt
Bahnhofstr.
Müntzer-Str.
Bode
Rathenaustr.
Sportplatz
Friedrich-Ebert-Platz
Bahnhofs-Brücke
Die wilde Bode
Thomas-
An der Bode
Gasse
Adelheidstr.
Bahnhof-Platz
Süderstadt
Bahnhof
Güter-Bahnhof
Harzweg
Turnstr.
Turnhalle

Das alte Schloß zu Quedlinburg; kolorierter Stich von G. Serz aus Nürnberg.

An der Wiege der deutschen Geschichte

»Actum in villa, quae dicitur Quitilingaburg«, so urkundete König Heinrich I. am 22. April 922 in seiner Lieblingspfalz Quedlinburg auf einem steilen, von der Bode umflossenen Sandsteinfelsen am Nordrand des Harzes. Unweit davon, am Finkenherd, soll er, wenn man einer im 12. Jahrhundert erstmalig auftauchenden Darstellung glauben will, einst beim Vogelfang die Königskrone erhalten haben. Sicher verbürgt ist lediglich seine Wahl in Fritzlar im Mai 919. Der Krönungsort ist unbekannt. Sein Vorgänger Konrad hatte auf seinem Sterbebett im Dezember 918 den mächtigen sächsischen Stammesherzog zu seinem Nachfolger designiert. Heinrich gelang, was seinem Vorgänger in dessen kurzer Regierungszeit nicht vergönnt war, nämlich die Einigung im Inneren und die Stabilisierung nach außen. Damit wurde er zum Begründer des ersten deutschen Staates. An seiner Grabstätte auf dem Schloßberg begegnen wir den Wurzeln unserer Geschichte.

Bereits Heinrichs Vorfahren hatten vermutlich durch Gütertausch mit den vorher hier ansässigen Billungern, einem 811 in Groß Orden bei Quedlinburg erwähnten altsächsischen Adelsgeschlecht, Besitzungen in dieser Gegend erworben. Dazu gehörten der Schloßberg und der südwestlich im Tal gelegene Königshof Wiperti. Für den König und seine Nachfolger, die Ottonen, bildete das Gebiet um den Harz einen Schwerpunkt ihres Herrschaftsbereichs. Davon zeugt die Vielzahl der bedeutenden romanischen Kirchen, der Klöster und Stiftsgründungen, der Pfalzen und königlichen Jagdhöfe.

Diese Pfalzen waren für die reisenden Kaiser des Mittelalters, die noch keine feste Residenz kannten, wichtige Stützpunkte. Sie garantierten mit den dazugehörenden Wirtschaftseinrichtungen die Unterbringung, Versorgung und Ausrüstung des Herrschers und seines großen Gefolges. Hier wurde Politik gemacht und Recht gesprochen. Hier fanden Reichstage und kirchliche Synoden ebenso wie Feste und Familienfeiern des Königshauses statt. Eine zentrale Stellung unter diesen Pfalzen nahm Quedlinburg ein. Während des neunjährigen Waffenstillstands mit den Magyaren ließ Heinrich I. die Anlage, die bereits um 500 Sitz eines thüringischen Edlen Quitilo gewesen sein soll, weiter ausbauen und befestigen. Sie sah in ihren Mauern glänzende Reichstage und 69 urkundlich nachweisbare Besuche von deutschen Königen und Kaisern. Fast jedes Jahr feierte die königliche Familie das Osterfest in der Quitilingaburg. Im Jahre 929 ließ Heinrich hier die Hochzeit seines Sohnes Otto mit der englischen Prinzessin Editha ausrichten. Im gleichen Jahr machte er seiner zweiten Gemahlin Mathilde die Pfalz als Witwengut zum Geschenk. Als der König am 2. Juli 936 in Memleben einem Schlaganfall erlag, wurden seine sterblichen Überreste nach Quedlinburg überführt und auf dem Schloßberg beigesetzt.

Zu seinem Nachfolger hatte Heinrich kurz zuvor auf einem Reichstag in Erfurt seinen Sohn Otto designiert. Dessen erste Amtshandlung war die Bestätigung einer Familienstiftung an der Begräbnisstätte seines Vaters. Am 13. September 936 unterzeichnete er die Gründungsurkunde des Kaiserlichen Freiweltlichen Frauenstiftes zu Quedlinburg, das er mit reichem Grundbesitz ausstattete. Er kam damit einem Wunsch seiner Mutter Mathilde nach. Die »Congregatio sanctimonalium« sicherte die Ausbildung und Versorgung der Töchter des Herrscherhauses und der führenden Adelsgeschlechter seiner sächsischen und thüringischen Lande. Sie genoß Immunität und war reichsunmittelbar, unterstand also nur dem Kaiser und dem Papst. Dreißig Jahre lang leitete die Königinwitwe Mathilde das Stift. Im Jahre 966 legte Kaiser Otto I. das Äbtissinnenamt in die Hände seiner zwölfjährigen Tochter, die nach ihrer Großmutter benannt worden war. Während der Regierungszeit dieser klugen, tatkräftigen Frau begann der steile Aufstieg zum kulturellen und politischen Mittelpunkt des Reiches.

Im Jahre 973 erlebte Quedlinburg den wohl bedeutendsten Reichstag dieser Epoche, an dem Gesandtschaften vieler Staaten und Völkerschaften teilnahmen und auf dem auch über den Anschluß Ungarns an das römisch-katholische Westreich entschieden wurde. Während dieser Tage verstarb in Quedlinburg Markgraf Hermann Billung, ein Freund und enger Vertrauter Ottos I. Wenig später folgte der Kaiser ihm nach. In den folgenden Jahren residierten die Kaiserinnen Adelheid, die Witwe Ottos I., und ihre Schwiegertochter Theophano, eine byzantinische Prinzessin, häufig in den Mauern der Quitilingaburg. Hier lernte Theophano auch ihre Schwägerin, die bereits erwähnte Äbtissin Mathilde, kennen. Beide Frauen verband von nun an eine tiefe Freundschaft. Beide nahmen entscheidenden Einfluß auf die Reichspolitik. Die kluge, hochgebildete und politisch weitsichtige Byzantinerin führte nach dem frühen Tod ihres Mannes die Regentschaft für ihren minder-

Stiftskirche Sankt Servatius.

jährigen Sohn Otto III. Äbtissin Mathilde wurde 997 von ihrem Neffen sogar zur Reichsverweserin bestellt. Sie und ihre 38 Nachfolgerinnen im Äbtissinnenamt standen im Rang einer Reichsfürstin und hatten Sitz und Stimme im Reichstag.

Im Jahre 1002 starb Otto III. kinderlos im Alter von 22 Jahren. Ihm folgte Heinrich II., ein Urenkel König Heinrichs. Als auch er ohne Nachkommen starb, war das Geschlecht der Herrscher aus sächsischem Haus erloschen. Bisher hatte das Quedlinburger Frau-

Erste Erwähnung Quedlinburgs in einer Urkunde aus dem Jahre 922, unterzeichnet von König Heinrich I.

enstift im Zentrum der kaiserlichen Hausmacht gestanden, und seine Äbtissinnen waren sogar an der Regentschaft über das Reich beteiligt gewesen; dies änderte sich unter den nachfolgenden Saliern und Hohenstaufen grundlegend.

In den folgenden Jahrhunderten wurde die Schutzvogtei über das Stift, die zunächst von den ottonischen Kaisern selbst ausgeübt worden war, an andere Adelshäuser weiterverliehen, verkauft oder verpfändet. Sie kam nacheinander in den Besitz der Grafen von Sommerschenburg, der Grafen von Falkenstein, der Grafen von Blankenburg, der Markgrafen von Brandenburg und des Hauses Sachsen-Wittenberg. Von 1485 bis 1697 übten die Wettiner die Schutzherrschaft über das Stift aus. Sie verkauften sie 1698 für 300 000 Taler an Kurbrandenburg.

Ab 1200 verschlechterte sich die wirtschaftliche Lage des Stiftes zunehmend. Die aufkommende Geldwirtschaft und die schwierige Verwaltung des ausgedehnten Streubesitzes, der bis ins Vogtland,

Stadtansicht aus der ersten Hälfte des 19. Jahrhunderts.

in die Lüneburger Heide, das Havelland und den Rheingau reichte, zwangen zu Verkäufen. Politische Wirren und Streitigkeiten mit den Schutzherren trugen zu einer weiteren Schwächung bei. Im Verlauf der Kämpfe zwischen Welfen und Staufern wurde die Quitilingaburg mehrfach besetzt. Otto IV. bestimmte noch in seinem Testament, sie zu schleifen.

Das seit 1540 evangelische Frauenstift hat fast 900 Jahre bestanden. Seine Geschichte war geprägt durch Machtkämpfe und Auseinandersetzungen mit den Schutzherren auf der einen und der am Fuß der ehemaligen Pfalz gewachsenen Stadt auf der anderen Seite. Bei seiner Auflösung durch den Reichsdeputationshauptschluß im Jahre 1803 fiel es an Preußen. Sein Territorium umfaßte nur noch die Stadt Quedlinburg, das Dorf Ditfurt und Teile des Rambergforstes. Seine Güter und Ländereien, darunter die mehrere Morgen großen Stiftsgärten, sind später verkauft worden. Die letzte Äbtissin, die schwedische Prinzessin Sophie Albertine, ging nach Stockholm zurück.

Heute bildet der Schloßberg mit der romanischen Stiftskirche, die zu den hervorragendsten Leistungen dieser Stilepoche gehört, und den ehemaligen Wohngebäuden des Stifts ein einzigartiges Bauensemble von hohem architektonischen Reiz und großer kulturhistorischer Bedeutung.

Ansicht des Schloßberges auf einem kolorierten Stich von 1827.

Die Stadt muß sich 1477 der Äbtissin Hedwig unterwerfen; Wandgemälde im Festsaal des Rathauses.

Die Entwicklung der Stadt

Am 23. November 994 verlieh Otto III. seiner Tante, Äbtissin Mathilde, das Markt-, Münz- und Zollrecht für das Quedlinburger Stift. Dieses Privileg war die Geburtsurkunde der Stadt Quedlinburg. Bereits zur Zeit König Heinrichs I. muß die Pfalz ein verkehrstechnisch gut erschlossenes Vorgelände besessen haben, das mit den notwendigen bäuerlichen Niederlassungen und handwerklichen Produktionsstätten ausgestattet war. Auf diesem Gelände der Vorburg (Suburbium) ist später das Westendorf rund um den Schloßberg entstanden. Es war bis 1810 eine eigene Gemeinde.

In der Ebene nördlich der Königspfalz lagen in der Gegend um die Blasiikirche und die Ägidiikirche zwei dörfliche Siedlungen: Quitlingen und Nördlingen. Zwischen diesen beiden alten Siedlungskernen entwickelte sich um das Jahr 1000 am Schnittpunkt wichtiger Heer- und Handelsstraßen der ottonische Markt. Die Wurzeln dieser Kaufmannsniederlassung sind hinter dem heutigen Rathaus zwischen Marktstraße, Breiter Straße und Kornmarkt zu suchen. Wichtige Hinweise auf ihre genaue Lage geben die romanischen Baureste an der Marktkirche Sankt Benedicti. Sie war die Pfarrkirche der neuen Kaufmannssiedlung. Der heutige Marktplatz war zu dieser Zeit noch unbebaut. Das beweist ein bei Restaurierungsarbeiten am Haus Marktstraße 2 freigelegter Rest einer Sandsteinmauer mit Schießscharten. Sie ist Teil der 1179 erstmals erwähnten »murus forensis« (Marktmauer) und verläuft geradlinig auf die Nordwand des Rathauses zu. Die Schießscharten weisen zum Markt, der zu diesem Zeitpunkt noch außerhalb der Befestigung lag. Der heutige Marktplatz ist erst in der zweiten Hälfte des 12. Jahrhunderts allmählich bebaut worden, als das Gelände um die Marktkirche zu eng wurde. Er erlangte erst mit dem Bau der 85 Meter langen Steinbrücke Bedeutung, die das sumpfige Gelände zwischen zwei Mühlgrabenarmen passierbar machte. Die Bögen dieses 1229 zum ersten Mal erwähnten Bauwerks sind noch heute in den Kellern der Häuser an der Steinbrücke erhalten.

Am Ende des 13. Jahrhunderts erfahren wir das erste Mal von »Boutiquen« (Marktständen) am Marktkirchhof. Sie gehörten dem Marienkloster auf dem Münzenberg und wurden der Gerbergilde gegen Erbzins überlassen. Im Jahre 1240 ist von Fleischscharren die Rede, aber leider fehlt eine genauere Ortsangabe. Das Rathaus

Das Haus an der Marktstraße 2 besitzt Reste einer Sandsteinmauer mit Schießscharten.

wird 1310 als »domus consulum« erwähnt. Schon weit eher, nämlich 1129, spricht eine Urkunde von einem »Consilium burgensium«, einem Rat der Bürger. Es ist der erste Hinweis auf eine städtische Selbstverwaltung.

Die Kaufmannssiedlung war vermutlich von Anfang an durch eine Mauer geschützt. Im Laufe des 13. und 14. Jahrhunderts wuchsen die drei Siedlungskerne zur Altstadt zusammen. Sie erweiterte sich durch die Einbeziehung des Marschlinger Hofs, des Neuendorfs sowie des Pöllen- und Wordviertels. Im ältesten erhaltenen Stadt-

Links: Rolandsfigur vor dem Rathaus. Rechts: Sandsteinportal des Rathauses mit dem Stadtwappen.

buch werden für den Anfang des 14. Jahrhunderts folgende Straßen in der Altstadt genannt: Hohe Straße, Bockstraße, Taubenstraße, Pölle und Stieg. Die meisten davon bestehen heute noch.

Der ursprünglich auf das Gebiet zwischen Harz und Bruch – eine Bodeniederung bei Oschersleben – begrenzte Handelsbezirk der Quedlinburger Kaufleute wurde durch spätere Kaiserurkunden (1038 Konrad II., 1040 Heinrich III., 1134 Lothar) auf das ganze Reich ausgedehnt. Sie sicherten den Quedlinburger Kaufleuten zollfreien Handel bis zu den Alpen.

Die Quedlinburger Neustadt entstand um 1200 vor den östlichen Mauern der Altstadt. Die Gründe für diese Neuansiedlung waren vielfältig. Um 1180 begannen die feudalen Machtkämpfe zwischen den rivalisierenden Welfen und Staufern. Die Quitilingaburg spielte dabei eine bedeutende Rolle. Die ständigen bewaffneten Auseinandersetzungen und Überfälle machten das Leben in den ungeschützten Dörfern immer unsicherer und führten zu einer starken Landflucht. Die Stadt bot Schutz, größere persönliche Freiheit und wirtschaftliche Vorteile. Innerhalb weniger Jahrzehnte wurden mehr als 15 Dörfer um Quedlinburg von ihren Bewohnern verlassen. Die Bauern zogen in die Stadt, bewirtschafteten von dort aus ihre Felder weiter und wurden so zu Ackerbürgern.

Der landwirtschaftlich geprägte Charakter der Neustadt ist heute noch an der Anlage und dem Bau vieler Häuser ablesbar. Mit ihren hohen Torfahrten, dem Wohnhaus zur Straßenfront, den Stallungen und Scheunen um einen großen rechteckigen Hof und dem Taubenturm in der Mitte verkörpern sie das typische mitteldeutsche Bauerngehöft. Ebenso deuten alte Straßennamen (Pölkenstraße von Pölke, junges Schwein) darauf hin.

Die Neustadt ist im Gegensatz zur Altstadt eine planmäßige Anlage mit breiten, sich rechtwinklig kreuzenden Straßen. Ihre Haupttangenten sind der Steinweg und die Pölkenstraße. Für Rathaus und Kirche wurden großräumige Flächen ausgespart. Die kleinen Grundstücke ohne Hofraum rings um die Nikolaikirche sind erst später in diese Flächen hineingebaut worden. Der Mathildenbrunnen war der Marktplatz der Neustadt. Hier stand bis zum Ende des vorigen Jahrhunderts auch das Rathaus, ein einstöckiger, schmuckloser Bau. Die Pfarrkirche der Neustadt ist Sankt Nikolai.

Altstadt und Neustadt unterstanden der Oberhoheit des Stifts, wobei das Abhängigkeitsverhältnis der Neustadt ein engeres war als das der Altstadt. Dies drückt sich unter anderem in der Zahlung eines Fronzinses an die Äbtissin aus. Im Jahre 1300 verkaufte Äbtissin Bertradis aus Geldmangel die Neustadt als rechtes Lehen für 1000 Mark Stendalischen Silbers an den Grafen Ulrich von Regenstein, der es 1327 an den Rat der Altstadt weiterverpfändete. Von diesem Zeitpunkt an sind alle wichtigen Urkunden mit der Formel »der Rat beider Städte Quedlinburg« unterzeichnet. Quedlinburg ist im Mittelalter eine typische Doppelstadt mit jeweils eigenen Bürgermeistern und Ratsherren.

Der Gesamtrat setzte sich aus zwei Abteilungen zusammen. Ihm gehörten je ein Bürgermeister der Alt- und der Neustadt an. Die Stadtoberhäupter und Ratsherren wurden von einem Ausschuß der Stadtgeschworenen gewählt. Er setzte sich aus zwölf Innungs- und zwölf Gemeindemeistern zusammen. Die Innungsmeister vertraten die sechs Hauptinnungen der Stadt. Laut Stadtbuch sind das um 1320 die Gewandschneider (Tuchhändler), Schuhmacher, Knochenhauer (Fleischer), Schmiede, Bäcker und Kürschner. Die Interessen der Ackerbürger wurden durch die Gemeindemeister wahrgenommen.

Ab 1477 bestand der auf Lebenszeit gewählte Rat aus drei Bürgermeistern und 18 Ratsherren in der Altstadt sowie drei Bürgermeistern und und zwölf Ratsherren in der Neustadt. Sie verteilten sich auf drei Abteilungen, die sich jährlich in der Regierung abwechselten. Ihre Zahl wurde 1661 reduziert. Ab 1793 gibt es nur noch einen Bürgermeister.

Nikolaikirche am Mathildenbrunnen.

Vor den Toren von Alt- und Neustadt lagen Vorortstraßen und -gemeinden, die entweder der Verwaltung des Stiftes unterstanden, wie das Westendorf und die Neuweger Kommune, oder deren Bewohner Berufen nachgingen, die innerhalb der Stadtmauern nicht geduldet wurden. Dazu gehörten zum Beispiel die Töpfer wegen der Brandgefahr oder aber »unehrliche« Gewerbe und fahrendes Volk.

Dem Schutz der Stadt und ihrer Bürger diente ein Mauerring mit Toren, Türmen und Bastionen, mit vorgelagerten Wällen und Gräben. Er umschloß Alt- und Neustadt mit einem Gesamtumfang von etwa 3860 Metern und ist heute noch in wesentlichen Teilen erhalten. Leider sind in der zweiten Hälfte des vorigen Jahrhunderts sämtliche Stadttore abgerissen worden; als letztes fiel 1872 das Oeringer Tor. Von den Wachtürmen an der Stadtmauer sind noch vier in ihrer ursprünglichen Form erhalten (Schreckensturm, Pulverturm, Kruschitzkyturm, Gänsehirtenturm), vier weitere wurden durch Umbauten mehr oder weniger stark verändert (Lindenbeinturm, Kaiserturm, Schweinehirtenturm, Turm op'n Tittenplan). Vom Wietholzturm, Jungfernturm, Mertensturm und Kleersturm sind nur noch spärliche Reste vorhanden. Der Fleischhofturm ist 1987 in völlig abweichender Form neu aufgemauert worden. Ein besonders beeindruckendes Bild bietet die Mauer an der Wallstraße. Hier stehen die Türme in dichtem Abstand, weil die Westseite der Altstadt wegen des ansteigenden Geländes besonders gefährdet war. Der an dieser Stelle ungewöhnlich breite Wallgraben ist leider zugeschüttet worden.

Ein einzigartiges System von Feldwarten schützte die ausgedehnte Feldflur. Eine Landwehr aus Gräben und dichten Dornenhecken umzog die 45 Kilometer langen Grenzen. Elf massive Warttürme standen an den strategisch wichtigsten Punkten. Sie hatten direkte Sichtverbindung zu der auf einem Höhenzug am Stadtrand gelegenen Hamwarte. Von dort empfing der Türmer auf der Marktkirche die am Tag durch Rauchzeichen und bei Nacht durch Pechbrände übermittelten Signale. Beim Herannahen feindlicher Truppen und bei Raubüberfällen konnten so rasch notwendige Maßnahmen eingeleitet werden. Die Warten waren runde oder eckige Türme von vier bis sechs Metern Durchmesser beziehungsweise Seitenlänge. Sie erreichten bis zu 18 Meter Höhe. Aus Sicherheitsgründen befanden sich die Eingänge etwa sechs Meter über dem Erdboden und konnten nur mit Leitern oder Seilen erstiegen werden. Die Anlagen waren von hofartigen Mauern umgeben. Lagen die Türme an Straßen, boten sie Warenzügen, die vor dem Schließen der Tore die Stadt nicht mehr erreichten,

Wachtürme »Hinter der Mauer«.

Unterstellmöglichkeiten und Schutz für die Nacht. Der ungefähr 25 Meter breite Grenzstreifen aus Gräben und Wällen mit dichtem Dornengestrüpp sollte in erster Linie das Wegtreiben der Viehherden durch räuberische Nachbarn und Felddiebstähle großen Stils verhindern.

Die durch Handel und Handwerk wirtschaftlich aufgeblühte und durch erfolgreiche Kämpfe gegen die Grafen von Regenstein im 14. Jahrhundert sowie durch Schutzbündnisse mit Aschersleben und Halberstadt politisch erstarkte Stadt strebte immer stärker nach Selbständigkeit und Unabhängigkeit vom Stift. Höhepunkt dieser Entwicklung war 1426 der Beitritt zur Hanse, dem mächtigsten Wirtschaftsverband des Mittelalters. Seit dem Regierungsantritt der Äbtissin Hedwig von Sachsen spitzten sich die Gegensätze und Streitigkeiten zwischen Stift und Stadt immer mehr zu. Schließlich kam es 1477 zu bewaffneten Auseinandersetzungen. Die Quedlinburger versuchten, die Äbtissin mit Waffengewalt zu vertreiben, und zerschossen vom Westendorf aus die Dächer des Schlosses. Dieser Versuch, sich aus der feudalen Abhängigkeit zu lösen, schlug jedoch fehl. Die Stadt verlor den Kampf und mußte sich der Äbtissin und dem Schutzherrn unterwerfen.

In der Urkunde vom 9. August 1477 sind die harten Bedingungen festgehalten, die Äbtissin Hedwig den aufsässigen Bürgern diktierte. Der Magistrat mußte alle Urkunden und Dokumente mit seinen Privilegien und verbrieften Rechten an die Äbtissin aushändigen, ihre Landeshoheit und die Schutzherrschaft ihrer Brüder Ernst und Albrecht anerkennen, aus allen Schutzbündnissen – auch der Hanse – austreten und sich verpflichten, nie wieder neue einzugehen. Hedwig behielt sich das Mitspracherecht in allen Verwaltungs- und Innungsangelegenheiten vor und forderte hohe finanzielle Entschädigungen von der Stadt. Eine Lehnsurkunde von 1479 übertrug auch die Vogteirechte an die Schutzherren. Sie berechtigte die Sachsenherzöge damit zur Ausübung der höheren Gerichtsbarkeit, also zur Entscheidung über Leib und Leben der Bürger und zur Eintreibung des Erb- und Fronzinses.

Die Niederlage von 1477 bedeutete für die Stadtentwicklung einen Rückschlag, der sich über Jahrhunderte hinweg auswirkte.

1525 erfaßten die Bauernkriegsunruhen die Stadt; es kam zu Zerstörungen in den vier Quedlinburger Klöstern. Erst 1540 konnte Äbtissin Anna II. von Stolberg für Stift und Stadt die Reformation einführen. Sie hatte schon lange mit dem neuen Glauben sympathisiert, aber Herzog Georg, der Schutzherr des Stifts, war ein erbitterter Gegner Luthers. Erst nach seinem Tod im Jahr 1539 war dieser Schritt möglich geworden.

Mit der Einführung der Reformation in Quedlinburg wurde das Bildungs- und Sozialwesen der Stadt neu geordnet. Die 1541 von der Äbtissin erlassene Kirchen- oder Reformacienordnung schuf Strukturen, die teilweise bis in unsere Zeit erhalten sind. In den Gebäuden des ehemaligen Franziskanerklosters in der Schulstraße wurde 1540 ein Gymnasium eingerichtet. Es war bereits im 17. Jahrhundert eine bedeutende, über die Grenzen der Stadt hinaus anerkannte Bildungsstätte. 1862 zog es in den Neubau Heilige-Geist-Straße 8 um. Neben dieser öffentlichen städtischen Lateinschule gab es noch kleinere deutsche Schulen in Altstadt und Neustadt sowie auf dem Münzenberg, ab 1791 auch eine Armenschule.

Friedrich Gottlieb Klopstock (1724 – 1803).

Die Qualität der schulischen Bildung und die kulturelle Vielfalt der Stadt dokumentieren zahlreiche bedeutende Persönlichkeiten, die im 18. und 19. Jahrhundert aus den Reihen des Quedlinburger Bürgertums hervorgingen und durch ihr Wirken nationale und internationale Bedeutung erlangt haben. Die Musiktraditionen reichen mit den Stadtpfeifern und der Kurrende weit ins Mittelalter zurück. Viele bedeutende Kantoren, die auch als Komponisten und

Musiktheoretiker in Erscheinung getreten sind, wirkten an Quedlinburger Kirchen. Genannt seien hier Heinrich Baryphonius (1581–1605), Werckmeister (1645–1706), Johann Philipp Bendeler (um 1660–1712), sein Sohn Salomon (geb. 1683 in Quedlinburg) und Johann Heinrich Rolle (geb. 1718 in Quedlinburg, gest. 1785 in Magdeburg). 1834 wurde Albert Ernst Anton Becker, Komponist und späterer Direktor des Königlichen Berliner Domchors, in Quedlinburg geboren.

Der größte Sohn der Stadt ist ohne Zweifel Friedrich Gottlieb Klopstock, der am 2. Juli 1724 am Schloßberg geboren wurde. Sein dichterisches Schaffen leitete eine neue Epoche in der Geschichte der Literatur ein. Er gilt als Wegbereiter der Klassik. Sein Hauptwerk ist der »Messias«.

Im Jahre 1754 promovierte in Halle die Arzttochter und Pfarrfrau Dorothea Christiana Erxleben aus Quedlinburg zum Doktor der Medizin. Sie war die erste deutsche Ärztin. In der Pölle wurde 1759 Johann Christoph GutsMuths geboren, der Begründer des Schulturnens und einer der bedeutendsten Pädagogen seiner Zeit.

Einer seiner bekanntesten Schüler war Carl Ritter, der Sohn eines Quedlinburger Arztes. Er bekleidete später den ersten Lehrstuhl für Geographie an der Humboldt-Universität.

Ein bedeutender Naturforscher war der Theologe Johann August Ephraim Goeze (1731–1793). Seit 1762 bekleidete er das Pastorenamt an der Blasii-, später an der Stiftskirche. Sein Naturalienkabinett war einst sehr bekannt, und seine Klassifizierung der Gattung der Würmer hat heute noch Gültigkeit.

Auf dem Gebiet der bildenden Kunst zeichneten sich in Quedlinburg Wilhelm Steuerwaldt (1815–1871) und Emil Bollmann (1825–1892) mit ihren spätromantischen Bildern aus. Steuerwaldt kam aus der Düsseldorfer Malschule, Bollmann war ein Schüler Ludwig Richters.

Von den Literaten des 19. Jahrhunderts ist der 1834 in Quedlinburg geborene Romanschriftsteller Julius Wolf zu erwähnen. In seinem Buch »Der Raubgraf« schildert er ein Kapitel aus der Geschichte der Stadt. Die später in Dresden lebende Autorin gefühlvoller Romane, Wilhelmine Heimburg, mit bürgerlichem Namen Bertha Behrens, verbrachte ihre Kindheit in Quedlinburg.

Die wirtschaftliche Entwicklung der Stadt ist über Jahrhunderte durch das besondere Verhältnis zum Stift geprägt worden. Da das Frauenstift ein politisch und juristisch selbständiges Territorium darstellte, befand sich Quedlinburg gewissermaßen in einer Insellage und war militärisch und zollpolitisch vom Ausland umgeben. Seine Nachbarn waren Kursachsen, Braunschweig, Anhalt und das

Links: Emil Bollmann (1825–1892); rechts: Dorothea Christiana Erxleben, die erste deutsche Ärztin (1715–1762).

Bistum Halberstadt. Diese Situation bot vielfältige ökonomische Vorteile. So war Quedlinburg einerseits eine Residenzstadt mit eigenstaatlicher Beamtenbürokratie, andererseits ein recht wohlhabendes bürgerliches Gemeinwesen, dem allerdings die völlige Selbständigkeit fehlte. Die Bevölkerung setzte sich aus Gewerbetreibenden und Ackerbürgern zusammen. Haupterwerbsquellen waren der Feld- und Gartenbau, verbunden mit Viehhaltung, Fischerei, Brauerei und Brennerei, Häuteverarbeitung sowie Handel mit Wolle, Garnen, Tuchen, Hering und Öl. »Quellborjer Brennewien und Quellborjer Masteschwien« galten als bekannte Markenzeichen. Besonders das blühende Brauwesen mit Gose- und Broyhanherstellung ist wohl auch der Grund dafür gewesen, daß sich die Stadt trotz Plünderungen und Pestepidemien während des Dreißigjährigen Krieges nach 1648 sehr rasch erholte. Das drückte sich in einem regelrechten Baufieber aus. Die größte Zahl aller heute noch erhaltenen Fachwerkhäuser stammt aus dieser Zeit zwischen 1650 und 1700.

Im Jahre 1698 verkaufte Kurfürst August von Sachsen das Schutzherrenamt über das Stift, das seine Familie seit 1477 innehatte, an den Kurfürsten von Brandenburg. Dieser Wechsel brachte tiefgreifende Veränderungen mit sich. Die Einführung der Akzise, einer Verbrauchssteuer, und die Zwangsrekrutierungen wirkten sich nachteilig aus.

Wilhelm Steuerwaldt (1815 – 1871).

Nach der Niederlage Preußens gegen Napoleon fiel Quedlinburg 1808 ans Königreich Westfalen. Dort regierte Jérôme, ein jüngerer Bruder Bonapartes. Als unter seiner Herrschaft die Gewerbefreiheit eingeführt wurde, war das Ende der längst überholten Handwerksinnungen gekommen. In Quedlinburg entstand eine blühende Tuchindustrie, die sich aber nur wenige Jahrzehnte behaupten konnte. Schon 1870 kam sie völlig zum Erliegen.

Weit erfolgreicher entwickelte sich dagegen ein anderer Wirtschaftszweig – die Samenzucht. Eine wichtige Grundlage dafür waren die unter Jérôme an Quedlinburger Gärtner verkauften großen Stiftsgärten. Begünstigt durch die besonderen Klimaverhältnisse im Regenschatten des Harzes und durch geeignete Böden,

Links: Carl Ritter (1779 – 1859), rechts: Johann Christoph Friedrich GutsMuths (1759 – 1839).

wurde Quedlinburg zu einem Zentrum des Samenanbaus von Weltruf. Große Unternehmen wie die Gebrüder Dippe AG (gegründet 1857), Heinrich Mette und Co. (gegründet 1784) und viele andere kleinere Betriebe deckten bis zum Zweiten Weltkrieg 70 Prozent des Gemüsesamen-, 25 Prozent des Zuckerrübensamen- und 20 Prozent des Futterrübensamenbedarfs in Deutschland. Darüber hinaus versorgten sie ein Drittel des Weltgemüsehandels mit Saatgut. Riesige Blumenfelder säumten die Stadt und begründeten Quedlinburgs Ruf als tausendjährige Blumenstadt am Harz. Diese großen Saatzuchtbetriebe, besonders die Dippe AG, prägten nicht nur die wirtschaftliche und soziale Struktur, sondern bestimmten in wesentlichen Teilen auch das Bauprogramm der Jahrhundertwende mit. Von der Mitte des 19. Jahrhunderts an – Quedlinburg erhielt 1862 Anschluß an das Eisenbahnnetz – wuchs die Stadt erstmalig über ihre mittelalterlichen Grenzen hinaus. Die Wallstraße, die Adelheidstraße und die Bahnhofstraße wurden bebaut. Jenseits der Bode entstand in der Süderstadt ein Industrieviertel.

Erst nach dem Zweiten Weltkrieg, in dem die Stadt glücklicherweise von Bombenschäden verschont blieb, wurden in der Süderstadt und am Kleers zwei große Neubaugebiete für mehrere tausend Bewohner errichtet. Quedlinburg ist heute eine Kreisstadt im Land Sachsen-Anhalt.

Blick vom Schloßberg über die Dächer der Stadt.

Fachwerkhäuser in der Marktstraße.

Quedlinburger Fachwerkbau

Quedlinburg ist nicht nur wegen seiner ereignisreichen Vergangenheit und wegen seines Rufs als Stadt der Blumen- und Samenzucht bekannt, sondern vor allem auch wegen seines großen Bestandes an Fachwerkbauten. Es gilt geradezu als Musterbeispiel für die Entwicklung dieses Baustils. Durch alle Kriegswirren hindurch hat die Stadt diese Substanz retten können. Von den Bombardierungen des Zweiten Weltkriegs blieb sie glücklicherweise verschont. Der Verfall hat in den vergangenen vierzig Jahren jedoch Lücken gerissen, die auch durch den Einsatz einheimischer und polnischer Restauratoren in den letzten fünfzehn Jahren nicht geschlossen werden konnten. Andererseits blieben Quedlinburg die gesichtslosen Betonbauten der sechziger Jahre erspart, die das Bild mancher Altstadt in den westlichen Bundesländern sprengen.

Quedlinburg gehört heute zu den ganz wenigen Städten, die sich über Jahrhunderte hinweg ein völlig geschlossenes Stadtbild bewahrt haben. Mittelalterlicher Grundriß und historische Bebauung bilden hier eine vollkommene Einheit. Nichts ist verlorengegangen von der Originalität und vom unverwechselbaren, liebenswerten Charme dieser tausendjährigen Stadt, die ein echtes Kleinod deutschen Städtebaus ist und deshalb als Flächendenkmal unter Schutz steht.

Bis zum Ende des 19. Jahrhunderts ist Quedlinburg nicht über seine mittelalterlichen Grenzen hinausgewachsen. Erst die Bauten der Gründerjahre durchbrachen den Ring der Stadtmauern und griffen an einigen Stellen sogar in den Stadtkern ein. So verfügt Quedlinburg nicht nur über Fachwerkhäuser aus sechs Jahrhunderten, sondern auch über einen beachtlichen Bestand an Jugendstilvillen und -geschäftshäusern. Die Architekten dieser Epoche knüpften mit Fachwerkgiebeln, -erkern und -details ebenso an die Traditionen an wie die Planer der achtziger Jahre im Neuendorf.

Auf einer historisch bebauten Fläche von ungefähr 80 Hektar stehen heute noch etwa 1500 erhaltenswerte Fachwerkhäuser. Quedlinburg verfügt damit über den mit Abstand größten Fachwerkbestand aller Harzstädte. Alle Jahrhunderte und Stilepochen sind vertreten und lassen sich anhand zahlreicher Bauten nachweisen.

Fachwerk ist eine sehr alte und langlebige Bauweise, die neben der Steinarchitektur ein völliges Eigenleben geführt hat und sich

Ständerbau in der Wordgasse 3.

auch in ihrer Formensprache nur selten an deren Vorbildern orientierte. Der konstruktive Teil ist das Holzgerüst aus Ständern, Schwellen, Riegeln und Bändern. Es wird liegend vorbereitet und bleibt immer von außen sichtbar. Die freibleibenden Felder zwischen den Hölzern, die Gefache, wurden ursprünglich mit Flechtwerk ausgefüllt und mit Lehm verkleidet, vom 17. Jahrhundert an aber auch zunehmend mit Ziegelsteinen ausgesetzt. Die Dächer waren überwiegend mit Hohlziegeln in der sogenannten Mönch-Nonne-Deckung ausgestattet. Anstelle des »Mönchs« treten gelegentlich auch Kalkleisten zur Abdichtung auf.

Die Urform des Fachwerks ist der **Ständerbau**, in Quedlinburg mit einem Beispiel (Wordgasse 3) vertreten. Das Gebäude wirkt in der Art der Konstruktion sehr einfach und ist daher wohl früher anzusetzen als ein ähnliches Haus von 1320 in Marburg. Mit einer Entstehungszeit um 1300 ist es das älteste erhaltene Fachwerkhaus Deutschlands. Tragendes Element sind die Ständer, senkrecht stehende Hölzer. Sie werden in die hölzerne Grundschwelle eingelassen, die auf einem Sandsteinfundament aufliegt. Die Zapfen der Ständer tragen die Dachkonstruktion. Der zweigeschossige Bau läßt von außen keine Stockwerkeinteilung erkennen. Die Fußbodenbalken der oberen Etage sind durch die Ständer gezapft und mit

Gotisches Fachwerk, Breite Straße 33.

Pflöcken gegen das Herausrutschen gesichert. Im Inneren garantieren Kopfbänder die Standfestigkeit. Das über sechshundert Jahre alte Gebäude war bis 1965 bewohnt. Nach einer grundlegenden Restaurierung, bei der auch die ursprünglichen kleinen Fensterluken nach einem noch vorhandenen Beispiel rekonstruiert wurden, ist ein Fachwerkmuseum darin untergebracht.

An die Periode der Ständerbauten schließt sich die mehr als vierhundert Jahre währende Zeit der **Fachwerkgeschoßbauten** an. Sie beginnt um 1480 mit der sogenannten spätgotischen Gruppe. Zu diesem Zeitpunkt ist die Geschoßbauweise bereits voll ausgebildet, das heißt, jedes Stockwerk bildet einen eigenen, in sich abgeschlossenen Baukörper. Die Ständer reichen immer nur über eine Etage. Darüber liegt die Saumschwelle als Auflage für die Ständer des folgenden Stockwerks. Die Bauten dieser Periode zeichnen sich häufig durch ein starkes Vorkragen der oberen Geschosse aus. Die Gründe dafür sind vielfältig. Deutungsversuche führen statische Erfordernisse, Schutz vor Witterungseinflüssen sowie finanzielle Erwägungen an; eine kleine Grundfläche war natürlich billiger und steuergünstiger. Mit der Vervollkommnung der Fachwerkbauweise nehmen schmückende Elemente in der Fassadengestaltung allmählich einen immer größeren Raum ein.

Spätgotisches Fachwerk, Marktkirchhof 5.

Balkenköpfe mit Rund- und Birnstabprofilen, V-förmige Fußstreben, Vierpässe und Treppenfriese auf der Saumschwelle kennzeichnen diese zweite Stilepoche. Zu den frühesten Beispielen gehört das Haus Neustädter Kirchhof 7. Voll ausgeprägt ist dieser Haustyp in den Gebäuden Breite Straße 33 sowie Schmale Straße 47. Einfachere Vertreter dieser Gruppe sind Ballstraße 19, Hohe Straße 28 und Steinweg 40. Gegen Ende dieser Stilepoche tauchen

Fachwerkhäuser mit Ladeluken am Giebel, Marktkirchhof.

Fischblasenmotive auf, und die Saumschwellen werden mit Schiffskehlen verziert. Beispielhaft für diese Entwicklung sind die Häuser Pölle 55 (um 1500), Breite Straße 49, Pölle 7 und 46 sowie Marktkirchhof 5.

Um die Mitte des 16. Jahrhunderts beginnt mit dem **niedersächsischen Stil** die erste große Blüteperiode des Quedlinburger Fachwerkbaus. Er zeichnet sich durch reichen ornamentalen Fas-

»Alter Klopstock«, Stieg 28.

sadenschmuck aus. Typisches Kennzeichen sind die Fächerpalmetten und Brüstungssonnen auf den Dreiecksfeldern an den Ständerfüßen. Die Balkenköpfe nehmen rollenförmige Gestalt an. Die Schiffskehlen werden oft mit Taustäben gefüllt. Auf den Saumschwellen erscheinen Flechtbänder, Rosetten, fünf- und sechseckige Sterne und andere geometrische Formen, oft in Kerbschnittechnik ausgeführt. An Kaufmanns- und Ackerbürgerhäusern finden sich häufig Zwerchhäuser mit Ladeluken und Aufzügen zum Heraufziehen von Lasten. Korn und Hopfen wurden beispielsweise zum Trocknen auf dem Speicher im Dachgeschoß gelagert. Die Bodenfenster waren zu diesem Zweck mit Lüftungsgittern aus Holz versehen (Stieg 28). Typische Vertreter des niedersächsischen Stils sind unter anderem Marktstraße 5/6, Alter Klopstock (Stieg 28), Stieg 29, Hölle 3/4, Hohe Straße 29, Breite Straße 45, 51/52 und 53, Pölle 8, Word 3, Schloßberg 10 und 12 (Klopstockhaus).

Gegen Ende des 16. Jahrhunderts verschwinden die Brüstungssonnen allmählich von den Fassaden (letztes Beispiel: Steinweg 54, um 1594). Sie werden von den Andreaskreuzen verdrängt, wie wir sie am Haus Marktkirchhof 6 (1577) finden. Diese Form spielt in der späteren Entwicklung eine dominierende Rolle. In der Phase

Vom Putz befreite Fassade im niedersächsischen Stil, Word 3.

des Übergangs treten an wenigen Häusern statt der Schiffskehlen an der Saumschwelle Viertelkreise mit Zahnschnitt und Doppelarkaden über den Balkenköpfen auf. Ein Beispiel dafür ist das Haus Marktstrasse 2.

Renaissanceformen aus der Steinbauweise finden nur in begrenztem Umfang Eingang in die Fachwerkarchitektur. Ihr Einfluß beginnt in Quedlinburg um 1610. Auf den geschnitzten Brüstungsplatten tauchen Masken, Wappen, Rosetten und Beschlagwerk auf, häufig auch einfache und gekoppelte Blendarkaden. Diese Stilele-

Renaissancefassade am Gasthaus »Zur Rose« in der Breiten Straße.

mente finden sich in qualitativ hochwertiger Form am Haus Lange Gasse 29 (1614) und am Gildehaus »Zur Rose« (1612) in der Breiten Straße.

Nach dem Dreißigjährigen Krieg erlebte Quedlinburg einen fast explosionsartigen Anstieg der Bautätigkeit. Etwa fünfhundert fast durchweg große, mehrgeschossige Wohnhäuser sind aus dem Zeitraum zwischen 1650 und 1700 erhalten. Es handelt sich um die größte Gruppe überhaupt. In einer so baufreudigen Zeit waren die Quedlinburger Zimmerleute besonders kreativ und entwickelten den sogenannten **Quedlinburger Sonderstil**, der von hier aus in das Harzvorland ausstrahlte. Leitform ist der Diamantschnitt der Balkenköpfe. Weitere Kennzeichen dieser Epoche sind das verstärkte Auftreten von Andreaskreuzen und anderen Verstrebungen und das Aussetzen der Gefache mit Ziegelsteinen in unterschiedlichen Mustern. Je mehr der ornamentale Schmuck an den Holzteilen zurückgeht, desto häufiger tritt diese Variante zur Belebung der Fassade auf. Beliebt sind auch Erker, die sogenannten »Utluchten«, von denen aus man die Straße in allen Richtungen gut überblicken konnte. Zu den prächtigsten Dokumenten dieses Zeitabschnitts gehören das Stadtpfeiferhaus am Marktkirchhof, die »Börse« (Steinweg 23), das Hotel »Zur Goldenen Sonne« (Steinweg 11/12), Steinweg 68 und Word 1 und 2.

Der Diamantschnitt der Balkenköpfe ist charakteristisch für den Quedlinburger Sonderstil; hier Word 1 und 2.

Mit dem zunehmenden **Eindringen barocker Elemente** kündigt sich das Ende des Fachwerkbaus an. Im 18. Jahrhundert treten die Vorkragun-

Ehemaliger Ziegelhof mit Rokokoelementen, Neuer Weg 7.

gen zugunsten einer glatten, flächigen Fassadengestaltung zurück. Balkenköpfe und Saumschwelle verschwinden hinter Schalbrettern. Achsengruppierungen der Fenster, Betonung der Mitte durch geschnitzte Giebel und Mansardendächer sind Merkmale dieser Stilrichtung. Dazu gehören in Quedlinburg unter anderem Marktstraße 9, 10 und 11, Blasiistraße 1, Stieg 4, Breite Straße 37 und die kleinen Häuschen »Am Hospital«. Das stattliche Gebäude Neuer Weg 7 ist der Versuch, Fachwerk dem Rokokostil anzupassen.

In der Zeit des **Klassizismus** um 1820 geht man zum Verputzen der Fassaden über. Damit ist das Ende des Fachwerks gekommen.

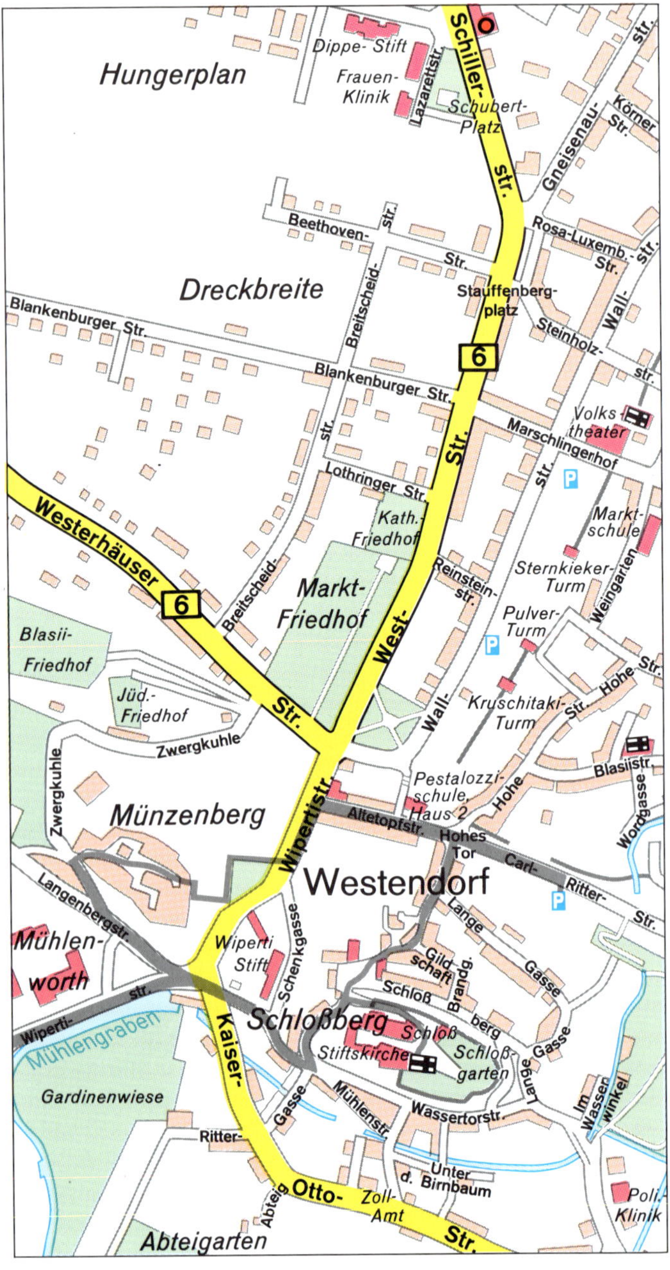
Hungerplan
Dippe- Stift
Frauen-Klinik
Lazarettstr.
Schiller-str.
Schubert-Platz
Gneisenau-Str.
Körner-Str.
Beethoven-str.
Str.
Rosa-Luxemb.-Str.
Dreckbreite
Breitscheid-str.
Stauffenberg-platz
Wall-str.
Blankenburger Str.
Steinholz-str.
Blankenburger Str.
6
Volks-theater
Marschlingerhof
str.
Lothringer Str.
Westerhäuser Str.
Kath. Friedhof
Markt-schule
Markt-Friedhof
Reinstein-str.
Sternkieker-Turm
Weingarten
6
Breitscheid-
West-Str.
Pulver-Turm
Blasii-Friedhof
Jüd.-Friedhof
Hohe Str.
Wall-
Kruschitaki-Turm
Zwergkuhle
Pestalozzi-schule, Haus 2
Blasiistr.
Münzenberg
Wipertistr.
Altetopfstr.
Hohe
Wordgasse
Hohes Tor
Carl-Ritter-Str.
Westendorf
Langenbergstr.
Lange Gasse
Mühlen-worth
Wiperti Stift
Schenkgasse
Gild-schaft
Brandg.
Schloß-berg
Wiperti-str.
Schloßberg
Schloß
Stiftskirche
Schloß-garten
Kaiser-
Mühlengraben
Lange Gasse
Im Wassen-winkel
Gardinenwiese
Gasse
Mühlenstr.
Wassertorstr.
Ritter-
Unter d. Birnbaum
Abteig
Otto-Str.
Zoll-Amt
Poli-Klinik
Abteigarten

Stadtrundgang
Rund um den Schloßberg

»Weißer Engel« • Finkenherd • Lyonel-Feininger-Galerie Geburtshaus Klopstocks • Burganlage auf dem Schloßberg Stiftskirche • Residenzbau • Wipertikirche • Friedhof der Schloßgemeinde • Münzenberg

Dem Besucher der Stadt, der am Parkplatz Carl-Ritter-Straße sein Fahrzeug verläßt, weisen die Türme der Stiftskirche den Weg zum Schloßberg. An der Stadtmauer der Altstadt entlang erreicht er zunächst die Kreuzung. Rechts führte einst das Hohe Tor ins Stadtinnere. Es wurde wie alle anderen Stadttore in der zweiten Hälfte des 19. Jahrhunderts abgerissen. Links beginnt das Westendorf, der Schloßbezirk. Bis 1810 gehörten die stattlichen Gebäude in der Langen Gasse ebenso wie die kleinen Fachwerkhäuschen, die sich an den Sandsteinfelsen des Schloßbergs drängen, zu einer eigenen Gemeinde. Geradeaus steigt die Altetopfstraße bergan. Die im Mittelalter hier ansässigen Töpfer durften wegen der Feuergefahr, die von ihren Brennöfen ausging, nicht im Stadtinneren wohnen.

Das Eckhaus am Eingang zur Langen Gasse mit seinem Fachwerkaufbau über einem massiven Untergeschoß ist der **»Weiße Engel«**, einst Gasthof und Herberge für vornehme Gäste des Stifts. Im Obergeschoß befindet sich ein Saal mit einer bemerkenswerten Stuckdecke. Sie stellt unter anderem die biblische Geschichte vom blinden Tobias dar. Der darin vorkommende Erzengel Rafael gab vermutlich dem Haus seinen Namen. Nicht zuletzt diese qualitativ und künstlerisch hochwertige Arbeit gab den Ausschlag für die aufwendige und umfassende Restaurierung des Gebäudes durch die Werkstätten für Denkmalpflege. Das Nebenhaus beherbergte im 18. Jahrhundert die Stiftsapotheke.

Weiter führt der Weg zum **Finkenherd**. Wie eine Insel ist die Reihe der spitzgiebligen Fachwerkhäuschen in die sich an dieser Stelle zu einem kleinen Platz erweiternde Straße hineingebaut worden. Am Finkenherd soll im Jahre 919 dem Sachsenherzog Heinrich die deutsche Königskrone angetragen worden sein, als er dort beim Vogelfang saß. Eine von Carl Löwe vertonte Ballade schildert die Szene in epischer Breite.

Burgberg mit Schloß und Stiftskirche.

Der Finkenherd hat noch eine zweite Attraktion zu bieten – die **Lyonel-Feininger-Galerie**. 1986 wurde die größte geschlossene Feininger-Sammlung Europas in dem 1901 für die Kunst- und Altertumssammlung der Stadt Quedlinburg errichteten Museumsbau Finkenherd 5a untergebracht. Das Werk des Deutsch-Amerikaners umfaßt Holzschnitte, Radierungen, Lithografien, Aquarelle und einge wenige Ölgemälde, darunter ein Selbstbildnis des Künstlers.

Wenige Schritte weiter steht am Fuß des Schloßbergs das **Geburtshaus Friedrich Gottlieb Klopstocks**. Zwei Säulen stützen den Erker über dem Eingang des stattlichen, in der zweiten Hälfte des 16. Jahrhunderts errichteten Fachwerkbaus. Bereits der Großvater des Dichters hatte das Gebäude für die Familie erworben. Hier kam Friedrich Gottlieb Klopstock am 2. Juli 1724 als ältestes von siebzehn Kindern des Stiftssekretarius Gottfried Heinrich Klopstock und seiner Frau Anna Maria zur Welt. Heute ist dort ein Gedenkmuseum untergebracht, das Leben und Wirken des Dichters und anderer Quedlinburger Persönlichkeiten würdigt.

Oben: Malerische Gasse am Fuße des Schloßberges.
Unten: Der Finkenherd gehört zu den historischen Zentren der Stadt.

Langhaus der romanischen Stiftskirche.

Eine Treppe führt bis zum unteren Tor der ehemaligen **Burganlage auf dem Schloßberg**. Die Pfalz König Heinrichs I. stand auf einem steilen Sandsteinfelsen, etwa 25 Meter über der späteren Stadt. Durch den Zwinger mit Wehrmauer und Schießscharten gelangt man durch eine zweite, als Kammertor ausgebildete Anlage auf den Schloßhof. Das ovale, von West nach Ost abfallende Bergplateau wird von den Gebäuden des ehemaligen Frauenstiftes gesäumt. Das bedeutendste Bauwerk unter ihnen ist ohne Zweifel die **Stiftskirche**, eine dreischiffige romanische Basilika, die 1129 geweiht wurde. Der heutige Bau hatte bereits drei Vorgänger. Die Pfalzkapelle mit dem angrenzenden, in Fachwerk ausgeführtem Rechtecksaal, in der 936 König Heinrich I. beigesetzt worden war, entsprach schon bald den Ansprüchen des Herrscherhauses und seines Familienstiftes nicht mehr. Sowohl die Königinwitwe Mathilde als auch ihre gleichnamige Enkelin ließen Um- und Erwei-

Krypta der Stiftskirche.

terungsbauten ausführen. Die neue, 1021 geweihte Damenstiftskirche (Bau III) fiel bereits 1070 einem Brand zum Opfer.

Der heutige, monumentale Bau besitzt starke, durch Ecklisenen und Halbrundstäbe gegliederte und nur von kleinen Rundbogenfenstern durchbrochene Außenwände, die von einem nach lombardischen Vorbildern gestalteten zweischichtigen Rundbogenfries geschmückt sind. Die Zweiturmgruppe des Westwerks entstand im Zuge der umfassenden Restaurierungsarbeiten des 19. Jahrhunderts. Sie besaß hohe, steile Helme, die nach ihrer Beschädigung durch amerikanischen Artilleriebeschuß im April 1945 verkürzt und durch die heutigen niedrigen Zeltdächer ersetzt wurden.

Den östlichen Abschluß bildet der 1320 unter Äbtissin Jutta von Kranichfeld errichtete gotische Chor mit prächigem Gewändeportal und darüberliegendem Maßwerkfenster. Das Querhaus springt, wohl bedingt durch die Geländesituation, nur unwesentlich über das Langhaus hinaus. Der Innenraum wird durch neun von Pfeilern und Säulen getragene Arkaden gegliedert. Unter dem ungewöhnlich hochliegenden Chor befindet sich die ebenerdige Krypta mit den Königsgräbern Heinrichs I. und seiner Gemahlin Mathilde.

Der reiche und vielgestaltige ornamentale Schmuck – Adler- und andere Tiermotive, Pflanzen, Blattwerk, Ranken, Masken und Dämonen – zeigt starken oberitalienischen Einfluß. In der Krypta sind als Reste der Vorgängerbauten zwei westliche Joche mit Pilzkapitellen (um 1000) erhalten, außerdem die Confessio östlich der Königsgräber mit stuckierten rundbogigen Wandnischen. Beachtenswert sind die lebensgroßen Äbtissinnengrabplatten an der Südwand. Die Stuckreliefs sind vermutlich kurz vor der Weihe des Kirchenneubaus im Jahre 1129 entstanden und werden zu den ältesten Großplastiken im deutschen Raum gezählt. Die Deckenmalereien der Krypta sind um 1200 von Äbtissin Agnes von Meißen in Auftrag gegeben worden.

Von 1938 bis 1945 wurde die Kirche von den Nationalsozialisten als SS-Weihestätte mißbraucht. König Heinrich I. galt ihnen als der eigentliche Begründer ihres »Tausendjährigen Reiches«. An seiner Grabstätte fanden alljährlich pompöse Feierlichkeiten statt. Die sakrale Inneneinrichtung wurde entfernt, der Hohe Chor durch eine neue Wand, die die gotischen Fenster von innen verdeckte, »romanisiert«.

Kruzifix, Altarbilder, Orgel und Gestühl sind neu angeschafft worden oder stammen aus anderen Kirchen. Der Passionsaltar im Hohen Chor (süddeutsche Arbeit um 1480) stammt aus einer Kirche in Sangerhausen, das große gotische Kreuz aus Freyburg an der Unstrut. Die Orgel mit etwa 2000 Pfeifen und 28 Registern ist 1971 von der Firma Schuke, Potsdam, gebaut worden.

In der Stiftskirche wird einer der schönsten und wertvollsten Kirchenschätze des Mittelalters aufbewahrt. Die kostbaren Reliquienbehälter und Evangeliare sind zum größten Teil Geschenke des Herrscherhauses an ihr Familienstift gewesen. Nach Abschluß der Umbau- und Sicherungsarbeiten im Jahre 1993 ist die einmalige Sammlung wieder für die Besucher zugänglich. Sie wird durch die 1945 gestohlenen und nach Texas verschleppten Stücke ergänzt.

In dem der Stiftskirche gegenüberliegenden Nordflügel, dem sogenannten **Residenzbau**, befindet sich in den Empfangs- und Gesellschaftsräumen des Frauenstifts seit 1929 das Schloßmuseum. Der langgestreckte Renaissancebau wurde zwischen 1557 und 1559 über einem aus mittelalterlicher Zeit stammenden Erdgeschoß errichtet. Ihm war nach Osten die Alte Abtei vorgelagert, die 1803 eingestürzt ist. Deshalb wirkt die Ostfassade heute wenig gegliedert und läßt Türöffnungen erkennen, die in das angrenzende Gebäude führten. Die Fachwerkaufbauten über dem zweiten Tor und die verglaste Galerie um den Innenhof stammen aus der Barockzeit.

Oben: Servatiusreliquiar aus dem Quedlinburger Domschatz.
Unten: Der Knüpfteppich aus der Zeit um 1200 gehört ebenfalls zum Domschatz.

Von Fachwerkhäusern gesäumte Straße am Schloßberg.

Von der Terrasse vor dem Schloßkrug schweift der Blick über die Türme und roten Ziegeldächer der Stadt. Die schmalen Fachwerkhäuschen in den engen Gassen säumten schon zu Klopstocks Zeiten den Schloßberg. Über holpriges Kopfsteinpflaster geht es wieder bergab an den Klippen entlang in die Mühlenstraße. Eine Tafel am Haus Schloßberg 2 weist darauf hin, daß an dieser Stelle früher das Viehtor stand. Der Blick fällt zurück auf den an dieser Seite steilen, nackten Sandsteinfelsen, der vom Schloß und von der Stiftskirche überragt wird. Hier im Süden lag im 10. Jahrhundert der ursprüngliche Aufgang zur Pfalz Heinrichs I. Er verband die Burg mit dem in der Ebene gelegenen Königshof. Wir erreichen ihn, wenn wir die Kaiser-Otto-Straße überqueren und dem Lauf des Mühlgrabens folgen. Auf das Gelände um die heutige **Wipertikirche** wurden 936 nach der Einrichtung des Frauenstiftes die Kanoniker umgesiedelt, die an der Pfalzkapelle ihren Dienst getan hatten. Sie errichteten zunächst eine provisorische Saalkirche, die bald durch eine dreischiffige Basilika ersetzt wurde. In diese fügte man nachträglich, etwa um 1020, die noch komplett erhaltene Umgangskrypta ein. Ihr Tonnengewölbe ruht auf einem umlaufenden Architraph, der im Wechsel von je einer Säule und einem Pfeiler getragen wird. Die Pilzkapitelle sind denen in der Stiftskirche vergleichbar, ebenso wie die Wandnischen des Seitenschiffs, die sich in ähnlicher Form in der Confessio finden. Die Oberkirche ist eine dreischiffige Pfeilerbasilika. Sie ist von den 1148 hier angesiedelten Prämonstratensern errichtet und im 13. Jahrhundert noch einmal erweitert worden. Nachdem sie im Bauernkrieg teilweise zerstört worden war, wurde sie nach der Einführung der Reformation bis 1812 als evangelische Pfarrkirche der Schloßgemeinde genutzt. Als diese Gemeinde nach der Auflösung des Frauenstifts auf den Schloßberg umzog, fiel die Wipertikirche an den Besitzer des angrenzenden Klostergutes und wurde als Scheune benutzt. Seit ihrer Restaurierung und Wiederherstellung in den Jahren 1956/57 ist sie katholische Pfarrkirche.

Der sie umgebende **Friedhof** gehört weiterhin zur Schloßgemeinde. Am Hang des Kapellenbergs, der Wipertikirche gegenüber, liegen in mehreren Etagen übereinander Grabkammern alteingesessener Bürgerfamilien. Die Anlage stammt aus der Zeit des Barock und steht wegen ihrer Seltenheit unter Denkmalschutz.

Der Rückweg führt über den **Münzenberg**. Im Jahre 986 ließ Äbtissin Mathilde auf der dem Schloßberg gegenüberliegenden Anhöhe ein Marienkloster errichten. Die romanische Kirche der Benediktinerinnen hatte recht stattliche Ausmaße und glich mit der noch erkennbaren halbrunden Apsis im Osten und dem Nonnen-

Krypta der Wipertikirche.

chor im Westen der Gernröder Stiftskirche. 1525 wurde das Kloster nach Plünderung und Zerstörung im Bauernkrieg von den Nonnen verlassen und verfiel. Jahrzehnte später erst siedelten sich Menschen hier an und bauten ihre bescheidenen Häuschen in die Klosterruinen hinein. Der Münzenberg wurde zur Heimstatt für Wandermusikanten, Scherenschleifer, Kesselflicker und fahrendes Volk. Noch heute kann ein kundiges Auge im Gewirr der malerischen Fachwerkhäuschen die Reste der romanischen Klosterkirche und den Schornstein der alten Klosterbäckerei erkennen. Über die Schultreppe geht es zurück in die Stadt. Auf halber Höhe hat man einen herrlichen Blick auf die Westfassade des Schlosses, überragt von den Türmen der Stiftskirche.

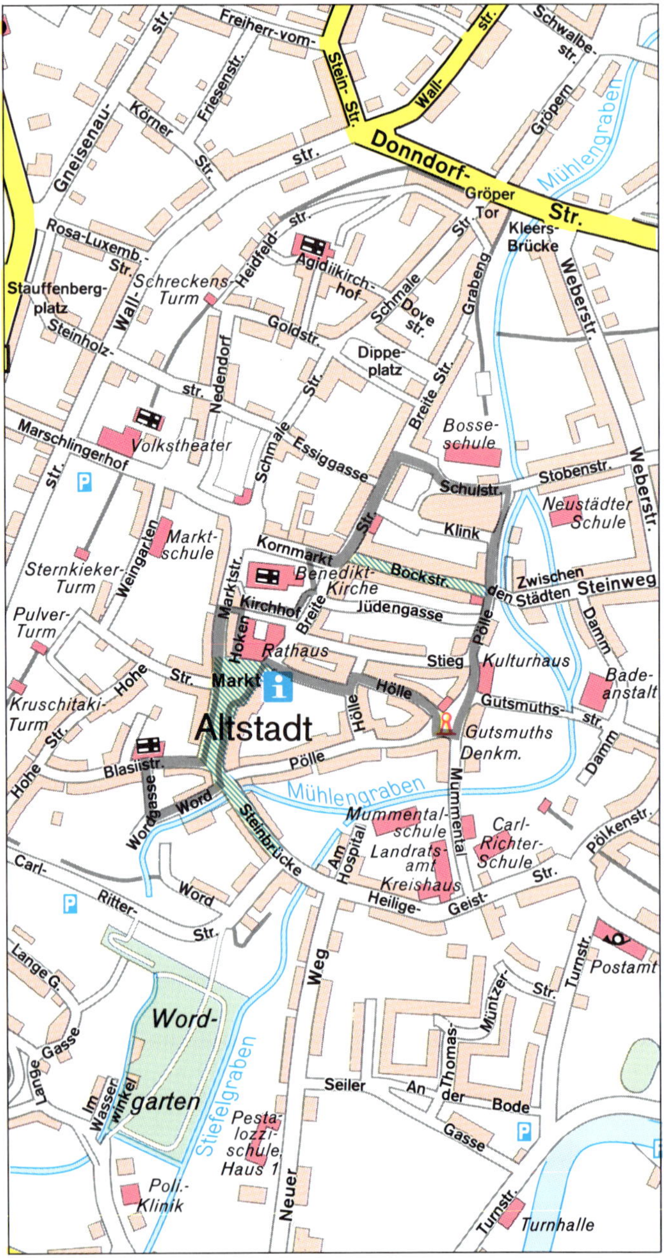
Freiherr-vom-
Stein-Str.
Wall-str.
Schwalbe-str.
Gröpern
Mühlengraben
Gneisenau-str.
Körner Str.
Friesenstr.
str.
Donndorf-Str.
Gröper Tor
Kleers-Brücke
Rosa-Luxemb.-Str.
Stauffenberg-platz
Wall-str.
Schreckens-Turm
Heidfeld-str.
Ägidiikirch-hof
Schmale Str.
Dove str.
Grabeng
Weberstr.
Steinholz-str.
Goldstr.
Dippe-platz
Breite Str.
Nedendorf
Str.
Bosse-schule
Marschlingerhof
Volkstheater
Schmale
Essiggasse
Stobenstr.
Weberstr.
Schulstr.
Neustädter Schule
Klink
Markt-schule
Weingarten
Kornmarkt
Bockstr.
Zwischen den Städten
Steinweg
Sternkieker-Turm
Marktstr.
Benedikt-Kirche
Kirchhof
Breite
Jüdengasse
Pölle
Damm
Pulver-Turm
Hoken
Rathaus
Stieg
Kulturhaus
Bade-anstalt
Hohe Str.
Markt
Hölle
Hölle
Gutsmuths-str.
Kruschitaki-Turm
Altstadt
Gutsmuths Denkm.
Hohe
Blasiistr.
Pölle
Damm
Wordgasse
Word
Mühlengraben
Mummental
Steinbrücke
Mummental-schule
Carl-Richter-Schule
Am Hospital
Landrats-amt
Kreishaus
Pölkenstr.
Carl-Ritter-Str.
Word
Heilige-Geist-Str.
Postamt
Lange G.
Weg
Müntzer-Str.
Turmstr.
Word-garten
Gasse
Lange
Im Wasser-winkel
Stiefelgraben
Seiler
An der
Thomas-
Bode
Gasse
Pesta-lozzi-schule, Haus 1
Neuer
Poli.-Klinik
Turnstr.
Turnhalle

Stadtrundgang
Die Altstadt

Marktplatz • Rathaus • Haus Grünhagen • Schuhhof »Hölle« • GutsMuths-Platz • Freihof im Mummental Sankt Annen-Hospital • Hagensches Freihaus • Bockstraße Bosseschule • Breite Straße • Gildehaus »Zur Rose« Adler- und Ratsapotheke • Ratswaage • Haus Kornmarkt 5 Neuendorf • Sankt Ägidii • Schreckensturm • Marktkirche Sankt Benedikti • Barockes Grabgewölbe • Marktkirchhof 5 bis 10 • Hoken • Marktstraße 2 • Denkmal der Münzenberger Musikanten • Blasiikirche • Brunnen vor den Türmen • Word • Wordgasse 3 • Fleischhof

Der weiträumige **Marktplatz** wird von stattlichen Fachwerkhäusern gesäumt. In die geschlossene Front haben die Gründerjahre Lücken gerissen. Große Geschäftsgebäude des Historismus und des Jugendstils drängen sich zwischen die alten Kaufmanns- und Innungshäuser. An der Nordseite des Platzes bilden das Rathaus und die Türme der Marktkirche ein Bauensemble von besonderem Reiz.

Das steinerne **Rathaus** – eine Besonderheit in der sonst ganz vom Fachwerk geprägten Stadt – ist im Kern ein mittelalterlicher Bau aus frühgotischer Zeit. Urkundlich erwähnt wird es erstmalig 1310. Seine schöne Renaissancefassade mit dem wappenbekrönten Sandsteinportal erhielt es durch einen Umbau in den Jahren 1616 bis 1619. Wappentier der Stadt ist der Hund Quedel als Symbol für Treue und Wachsamkeit. Eine Abundantia, Göttin des Wohlstandes, schüttet über dem Eingang ihr Füllhorn des Reichtums aus. Links neben dem spätgotischen Ecktürmchen steht der steinerne Roland, mit nur 2,75 Meter Höhe ein Zwerg unter den Rolandsfiguren. Vermutlich wurde er kurz nach dem Beitritt der Stadt zur Hanse im Jahre 1426 aufgestellt. 1477, als sich die Bürger nach einem fehlgeschlagenen Kampf um die städtische Unabhängigkeit bedingungslos der Äbtissin Hedwig von Sachsen unterwerfen mußten, wurde er gestürzt und erst 1869 wieder aufgestellt.

Zwischen 1899 und 1901 ist das Rathaus durch den Anbau von Seitenflügeln erweitert worden. Im östlichen Flügel befindet sich der mit einem großen farbigen Bleiglasfenster und Wandgemälden

Abundantia, die Göttin des Wohlstandes, über dem Rathausportal.

geschmückte Sitzungssaal der Stadtverordneten. Die Darstellungen zeigen wichtige Szenen aus der Stadtgeschichte, beginnend mit der legendären Übergabe der Königskrone an den Sachsenherzog Heinrich am Finkenherd, dann die Weihe der ersten Äbtissin des Frauenstifts, die Gefangennahme Graf Albrechts II. von Regenstein im Jahre 1337, den Kampf gegen Äbtissin Hedwig 1477, die Reformationspredigten Pfarrer Kirchhoffs am Johanneshof und den Einmarsch der Truppen des Kurfürsten von Brandenburg. Dieser hatte 1698 das Schutzherrenamt über Stift und Stadt von August dem Starken erworben. Ein weiteres farbiges Fenster im Treppenhaus zeigt neben dem Stadtwappen auch die gekreuzten Kredenzmesser des Stifts.

Markt mit Rathaus und Grünhagenhaus.

Dem Rathaus schräg gegenüber zieht die 1701 von Kaufmann Kranz in Auftrag gegebenen Fassade des **Hauses Grünhagen** die Blicke auf sich. 1780 wurde sie erneuert. Das ganz im Stil von Messe- und Handelshäusern bebaute weitläufige Anwesen beherbergt heute eine Musikschule und Ämter des Landkreises. Unter der Torfahrt führt ein von einem schildhaltenden Löwen flankiertes Treppenhaus in die oberen Etagen. Seinen Namen erhielt das Gebäude nach einem späteren Besitzer, dem Tuchfabrikanten Grünhagen.

Die Häuser in der »Hölle« gehören zu den schönsten der Altstadt.

Dem Grünhagenhaus schließen sich in Richtung Breite Straße zwei Fachwerkgebäude aus der zweiten Hälfte des 16. Jahrhunderts an, reich geschmückt in der Ornamentik des niedersächsischen Stils. Eines von ihnen war das

Fachwerkhäuser in niedersächsischem Stil an der Breiten Straße.

Ehemalige Schuhmacher-Werkstätten im Schuhhof.

Innungshaus der Schuhmacher. Ein schmaler Gang führt im Erdgeschoß unter dem Gebäude hindurch in den **Schuhhof**. Hier befanden sich die Wohnungen und Werkstätten der Schuhmacher in kleinen, bescheidenen Fachwerkhäuschen. Als Verkaufstische dienten die herunterklappbaren Fensterläden. Von hier aus geht es unter einem Torbogen hindurch geradewegs in die **»Hölle«**. Für den recht ungewöhnlichen Straßennamen gibt es verschiedene Deutungsversuche. Das massive Eckhaus, auf das man unmittelbar zugeht, besaß im Mittelalter ein beheizbares Gewölbe mit einer »Hölle«, einem offenen schwarzen Rauchabzug; dies ist die einleuchtendste Erklärung des Straßennamens. 1982 haben polnische Spezialisten eines Toruner Denkmalpflegebetriebs die Fachwerkhäuser in der Hölle, die zu den schönsten in der Altstadt gehören, restauriert. Das Eckhaus Stieg 28, der sogenannte »Alte Klopstock«, war über mehrere Generationen im Besitz der Familie Klopstock. Es wurde von Verwandten des Dichters bewohnt.

GutsMuths-Platz mit dem Denkmal für J. C. GutsMuths und C. Ritter.

Durch die Hölle geht es weiter zum **GutsMuths-Platz** mit dem von Richard Anders, einem gebürtigen Quedlinburger, geschaffenen Denkmal für den Turnpädagogen Johann Christoph GutsMuths und seinen Schüler Carl Ritter. Auf der gegenüberliegenden Seite des Platzes ist hinter einer Gartenmauer ein wappengeschmückter Giebel zu sehen. Er gehört zum ehemaligen **Freihof im Mummental**. Bereits vor zweihundert Jahren fanden in dieser Scheune Theateraufführungen wandernder Schauspielertruppen statt. In einem Bau der Gründerjahre in unmittelbarer Nähe (Pölle 34) haben heute die Kammerspiele der Städtischen Bühnen Quedlinburg ihren Sitz.

An der Ecke Pölle/Jüdengasse (Pölle 28/29) steht ein 1632 von dem bekannten Zimmermann Wulf Götze erbautes Fachwerkhaus. Ihm gegenüber (Pölle 32) befand sich im Mittelalter der Marstall des Magistrats.

Am Ufer des Mühlgrabens entlang verlief die Stadtmauer. Sie trennte die Altstadt, in die man durch das Bockstraßentor gelangte, und die Neustadt, die am Steinweg beginnt. Die Insel zwischen den beiden Flußarmen trägt noch heute den Straßennamen »Zwischen den Städten«. Hier zieht ein stattliches Barockgebäude die Blicke auf sich. Es ist das von der Gewandschneiderinnung gestiftete **Sankt Annen-Hospital**. Über dem Eingangstor sind drei allegorische Gestalten mit Anker, Palmenzweig und Buch dargestellt. Das Annenhospital war eine wohltätige Einrichtung für Arme und Kranke, die schon Anfang des 14. Jahrhunderts erwähnt wird und sich ursprünglich im Weingarten befand.

In exponierter Lage an der Einmündung des Klinks in die Bockstraße erhebt sich das **Hagensche Freihaus**, ein prachtvolles Stadtschloß im Renaissancestil. Ein Eckturm mit geschweifter Haube verbindet den kürzeren Südflügel an der Bockstraße mit der langgestreckten Ostfassade am Klink. Er wird flankiert von zwei schön gegliederten Zwerchhäusern. Ein drittes bildet den nordöstlichen Abschluß. Die Hofansicht wird durch einen mächtigen achteckigen Treppenturm geprägt. Hinter den ursprünglich fensterlosen, 1,50 Meter dicken Mauern des Erdgeschosses befanden sich Wirtschaftsräume. Erst 3,50 Meter über dem Straßenniveau öffnete sich die Fassade in einer langen Fensterreihe. Als Christoph von Hagen 1564 das Renaissancepalais anstelle mehrerer kleinerer, abgerissener Häuser erbauen ließ, stand die Mauer zwischen Alt- und Neustadt noch und behinderte die Sicht. Deshalb wären Erdgeschoßfenster wenig sinnvoll gewesen.

Der Blick fällt in die schmale Häuserschlucht der **Bockstraße**, die heute Fußgängerzone und eine der Hauptgeschäftsstraßen der Stadt ist. Wir wandern nun am Ufer des Mühlgrabens entlang. In dem zweigeschossigen Fachwerkhaus an der Klinkecke (Klink 10) wurde 1832 Dr. Robert Bosse, der spätere preußischer Kultusminister und Ehrenbürger Quedlinburgs, geboren. Die **Bosseschule** in der dahinterliegenden Schulstraße trägt seinen Namen. Der Backsteinbau entstand Ende des 19. Jahrhunderts auf dem Gelände des ehemaligen Franziskanerklosters, dessen Gebäude ab 1540 die Lateinschule beherbergten. An das Kloster erinnert der kleine gotische Bau mit Maßwerkfenstern neben dem Schulgebäude. Hier biegen wir links in die **Breite Straße** ein. Sie wird von großen, stattlichen Bürgerhäusern gesäumt. Beachtenswert ist das **Gildehaus »Zur Rose«**, erbaut 1612. Seine reich geschmückte Fassade mit Kerbschnittverzierungen, deren Motive der Steinarchitektur entnommen sind, zeigt im Feld sechs und sieben der unteren Reihe die Initialen des Bauherrn Nikolaus Schultheiß und seiner Frau Maria Lauch. Von ihrer Hand gibt es eine in Silber geschnittene Stadtansicht von 1630. Ihr Mann war einer der angesehensten

Das Hagensche Freihaus, ein Stadtschloß aus der Renaissance.

Bürger der Stadt. Siebenunddreißig Jahre lang gehörte er dem Rat an, zwölfmal fungierte er als Bürgermeister der Altstadt. Die Fassade seines Hauses zeigt starke Ähnlichkeit mit der des zwei Jahre später erbauten Hauses Lange Gasse 29. Beide tragen ein Wulf Götze zugeschriebenes Zimmermannszeichen.

Schräg gegenüber, an der Ecke zum Kornmarkt, steht die **Adler- und Ratsapotheke**. Der massive Mitteltrakt birgt im Kern eine romanische Kemenate. Er wird von zwei später angebauten Fachwerkflügeln flankiert. 1229, lange vor der ersten Erwähnung des

Wappen der Adler- und Ratsapotheke.

Rathauses, ist in einer Urkunde von einem »Rat der Bürger« die Rede – der erste Hinweis auf eine Stadtverwaltung. Mit größter Wahrscheinlichkeit hatte sie hier ihren Sitz, da an der Marktkirche das Zentrum der um 1000 entstandenen Kaufmannssiedlung lag. Die Kugel in der linken Ecke des Gebäudes soll aus dem Jahre 1477 stammen, als Bürger und Äbtissin gegeneinander Krieg führten. Im Nebenhaus (Kormarkt 7) war bis 1850 die **Ratswaage** untergebracht. 1691 wurde dieses Haus im Auftrag des Magistrats von Zimmermeister Martin Lange erbaut. Im Erdgeschoß befand sich die große Wiegehalle. Die obere Etage war durch eine Tür mit der Adler- und Ratsapotheke verbunden und enthielt Gästezimmer des Rates.

Zu den wenigen – meist barocken – steinernen Bürgerhäusern der Stadt gehört das **Haus Kornmarkt 5**. Bürgermeister Eckhard Salfeld ließ das repräsentative Gebäude 1737 für 26 000 Taler errichten. Die dreigeschossige Quaderfront wird durch Pilaster gegliedert und von einem Segmentgiebel und Dacherkern bekrönt. Über der rundbogigen Torfahrt ist das Salfeldsche Wappen angebracht. Die Innenräume im Mittel- und Obergeschoß sind mit herrlichen Stuckdecken im Régencestil ausgestattet, die denen im Schloß vergleichbar sind. 1786 erwarb die Stadt das Gebäude und überließ es dem Stiftshauptmann als Wohnung und Amtssitz. Ab 1815 war es Amts-, später Kreisgericht.

Nach wenigen Schritten erweitert sich die Straße zu einem Platz. Rechts fällt der Blick auf ein Viertel mit sogenannten Ersatzbauten,

Moderne »Ersatzbauten« aus den achtziger Jahren im Neuendorf; im Hintergrund die Ägidiikirche.

das **Neuendorf**. Sie entstanden nach einem Flächenabriß 1984 in HMBQ-Bauweise (Hallesche Monolithbauweise Typ Quedlinburg). Der ursprüngliche Plan, den gesamten Bereich um die Ägidiikirche, deren Turm man in der Verlängerung der Schmalen Straße erkennen kann, abzureißen, wurde im Januar 1990 gestoppt. **Sankt Ägidii** war das Zentrum des Dorfes Nördlingen. Das starke Westwerk, von dem nur noch ein Turm erhalten ist, erhebt sich unmittelbar hinter der nördlichen Stadtmauer und gehörte vermutlich auch zur Befestigungsanlage. Der nahegelegene **Schreckensturm** an der Goldstraße war einer der höchsten und stattlichsten Wachtürme des gesamten Mauersystems. Er diente im Mittelalter gleichzeitig als Gefängnis; sein Name erinnert noch daran. Die Kirche wird seit Jahrzehnten nicht mehr benutzt und war fast schon dem Verfall preisgegeben. Inzwischen bemüht sich ein Förderverein um ihre Erhaltung und Nutzung im Rahmen einer internationalen Jugendbegegnungsstätte, die in ihrem Umfeld entsteht.

Blick auf die Orgelempore von Sankt Ägidii.

Links des Kornmarktes, umgeben von einem Kranz von Fachwerkhäusern, erhebt sich die **Marktkirche Sankt Benedikti**, ein spätgotischer Hallenbau, der wie die meisten Quedlinburger Kirchen bereits einen romanischen Vorgänger besaß. Als ältester Baurest ist eine schmucklose Krypta unter dem Hohen Chor anzusehen. Sie wird von Kunsthistorikern in die Zeit der Entstehung des ersten Marktes datiert. Aus der Spätromanik stammt der Unterbau des Turmriegels. Ein Neubau der Kirche wurde um 1400 von Osten her mit dem großzügig angelegten Chor begonnen. Seine hohen Maßwerkfenster ruhen auf einem niedrigen Sockelgeschoß. Das Gewölbe weist im Inneren Kreuzrippen auf. Da die Südarkade des romanischen Baus beibehalten wurde, ist das Mittelschiff des Langhauses schmaler als der Chor. An ihn schließen sich nach Süden die Sakristei mit einem schönen Sterngewölbe (15. Jahrhundert) und nach Norden die Kalandskapelle an. Das Kircheninnere ist barockisiert. Von der mittelalterlichen Ausstattung blieb nur ein spätgotischer Schnitzaltar im südlichen Seitenschiff erhalten.

Ein letzter Rest des Marktfriedhofs, der im 19. Jahrhundert an den Stadtrand verlegt wurde, ist das **barocke Grabgewölbe der Familie Geb-**

hard/Goeze mit einem prächtigen schmiedeeisernen Gitter. Es lehnt sich direkt an die Reihe der Fachwerkhäuser auf der Nordseite des Platzes an. Die Südseite des Kirchhofs ist mit einer interessanten **Häuserzeile** bebaut (**Marktkirchhof 5 bis 10**). Sie kann als Musterreihe für die Entwicklung des Fachwerkbaus gelten. Die Reihe beginnt mit einem Vertreter der spätgotischen Gruppe aus der Zeit nach 1480 (Nr. 5) und reicht über das 16. Jahrhundert (Nr. 6) und das 17. Jahrhundert (Stadtpfeiferhaus mit Trompete in der Saumschwelle des Erkers) bis in die Verfallsperiode des Fachwerkstils (Nr. 10). Unter einem Torbogen hindurch gelangt man in den **Hoken**, wo einst Kleinhändler und Marktfrauen ihre Waren »verhökerten«. Rechts führt eine schmale Gasse in die Marktstraße. Der Blick fällt halbrechts auf ein prächtiges Fachwerkhaus im niedersächsischen Stil mit Brüstungssonnen und einer lateinischen Inschrift, erbaut 1562. Besonders interessant ist das **Gebäude Marktstraße 2**, das 1976 als eines der ersten in Quedlinburg von polnischen Restauratoren aus Torun instandgesetzt wurde. Unter der völlig mit Putz überzogenen Fassade kam reiches Fachwerk des 16. Jahrhunderts zum Vorschein. Im Inneren des Hauses wurde eine Sandsteinmauer mit Schießscharten freigelegt. Sie ist ein Rest der 1179 erstmals erwähnten »murus forensis«, die die Kaufmannssiedlung an der Marktkirche umschloß. Der heutige Markt war damals noch unbebautes Gelände.

Wir überqueren den weitläufigen Marktplatz. An seinem südlichen Ende zieht das 1976 vom Quedlinburger Bildhauer Wolfgang Dreysse geschaffene **Denkmal der Münzenberger Musikanten** die Blicke auf sich. Wir biegen nun nach rechts in die Blasiistraße ein. Hier lag bereits vor der Stadtgründung eine dörfliche Ansiedlung um die **Blasiikirche**, deren massiver Turmriegel noch aus romanischer Zeit stammt. Das Langhaus wurde nach einem Brand 1712 als barocker Zentralbau neu errichtet und besitzt eine sehr schöne, geschlossene Innenausstattung (um 1720) mit reizvoller Stuckdekke, hufeisenförmigen Emporen und einem wertvollen Hochaltar mit integrierter Kanzel. Die Kirche wird zur Zeit nicht benutzt, da die Blasiigemeinde schon vor Jahrzehnten aus wirtschaftlichen Gründen mit der Marktgemeinde zusammengelegt werden mußte.

Der **Brunnen vor den Türmen** wurde um 1900 von dem Quedlinburger Bankier Schacht gestiftet. Er ist ein Werk des Bildhauers Blazek und stellt einen Gärtnerjungen dar – ein Hinweis auf die großen Traditionen der Stadt auf dem Gebiet der Blumen- und Samenzucht.

Durch eine enge Gasse gelangen wir in die **Word**. Das **Eckhaus Wordgasse 3** ist um 1300 als Ständerbau errichtet worden und

Denkmal der Münzenberger Musikanten auf dem Marktplatz.

beherbergt heute ein Fachwerkmuseum. Es gilt als das älteste Fachwerkhaus Deutschlands.

Gegenüber liegt der **Fleischhof**, einer der sechzehn alten Freihöfe innerhalb der Stadt. Der Taubenturm in der Mitte stammt vom angrenzenden Grundstück und wurde bei den Restaurierungsarbeiten am Fleischhof von den polnischen Spezialisten umgesetzt.

Die Fassade des Eckhauses gegenüber (Word 3) ist vom Putz befreit worden und zeigt reichen Schmuck im niedersächsischen Stil. Jenseits des Mühlgrabens ziehen zwei große stattliche Fachwerkhäuser des 17. Jahrhunderts mit schönen Haustüren die Blicke auf sich. Das angrenzende Jugendstilgebäude an der Ecke zur Steinbrücke wurde 1907 anstelle der abgebrochenen Steinbrücker Mühle errichtet. Wir sind wieder am Marktplatz angekommen und beenden hier unseren Rundgang durch die Altstadt.

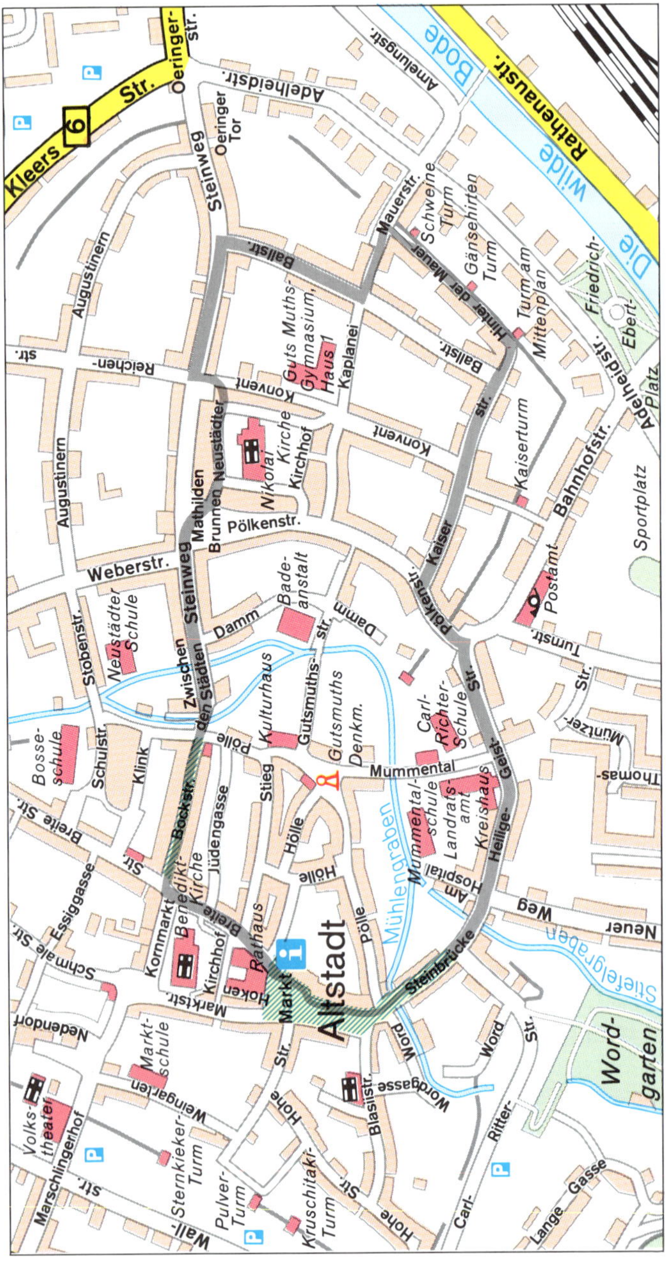
Kleers Str.
6
Oeringer-str.
Adelheidstr.
Oeringer Tor
Amelungstr.
Bode
Rathenaustr.
Die Wilde
Steinweg
Mauerstr.
Schweine Turm
Gänsehirten Turm
Ballstr.
Augustinern
Reichen-str.
Guts Muths-Gymnasium, Haus 1
Kaplanei
Hinter der Mauer
Turm am Mittenplan
Friedrich-Ebert-Platz
Konvent
Nikolai Kirche
Kirchhof
Neustädter
Brunnen
Mathilden
Pölkenstr.
Kaiser str.
Kaiserturm
Bahnhofstr.
Sportplatz
Weberstr.
Bade-anstalt
Damm
Postamt
Turnstr.
Neustädter Schule
Stobenstr.
Zwischen den Städten
Kulturhaus
Gutsmuths-str.
Gutsmuths Denkm.
Carl-Ritter-Schule
Müntzer-Str.
Thomas-
Bosse-schule
Schulstr.
Klink
Pölle
Mummental
Stieg
Jüdengasse
Bockstr.
Breite Str.
Hölle
Mühlengraben
Mummental-schule
Landratsamt
Kreishaus
Heilige-Geist-Str.
Am Hospital
Neuer Weg
Stiefelgraben
Essiggasse
Kornmarkt
Benedikt-Kirche
Rathaus
Altstadt
Steinbrücke
Schmale Str.
Hoken
Markt
Marktstr.
Neuendorf
Word-garten
Word
Markt-schule
Weingarten
Wordgasse
Blasiistr.
Hohe Str.
Volks-theater
Marschlingerhof
Sternkieker-Turm
Pulver-Turm
Kruschitaki-Turm
Wall-str.
Carl-Ritter-Str.
Lange Gasse

Stadtrundgang
Die Neustadt

Mathildenbrunnen • Hotel »Zur Goldenen Sonne« Nikolaikirche • Steinweg • Ehemaliges Gasthaus »Zur Börse« • Augustinern • Geburtshaus der Dorothea Christiana Erxleben • Ballstraße • »Hinter der Mauer« Gänsehirtenturm • Schweinehirtenturm • Turm op'n Tittenplan • Kaiserturm • Heilige-Geist-Straße Steinbrücke 11 • »Am Hospital«

Als Ausgangspunkt für einen Rundgang durch die Neustadt wählen wir den **Mathildenbrunnen.** Er liegt am Schnittpunkt von Pölkenstraße und Steinweg, den beiden Hauptverkehrsadern der Neustadt. Seine Nordseite wird beherrscht von einem stattlichen, mehrstöckigen Fachwerkhaus mit vorspringendem Erker neben der hohen Torfahrt, dem **Hotel »Zur Goldenen Sonne«**, erbaut 1671 als typisches Ackerbürgerhaus. Der Mathildenbrunnen war einst der Marktplatz der Ackerbürgersiedlung, die sich im Osten an die Altstadt anschloß. Das Neustädter Rathaus, ein einstöckiges Steingebäude mit spitzbogigen, gotischen Fenstern, wurde vor seinem Abriß Ende des 19. Jahrhunderts zuletzt als Turnhalle benutzt. Die alte Stadtwache mit einem von steinernen Säulen getragenen Vordach ist an den Schloßaufgang umgesetzt worden.

Pfarrkirche der Neustadt ist die **Nikolaikirche.** Ihre 72 Meter hohen Türme ragen über die Häuserzeile hinweg, die den ehemals viel größeren Platz von ihr trennt. Beachtenswert unter diesen Gebäuden sind die schönen klassizistischen Fassaden der Häuser Pölkenstraße 27 und 29. Gegenüber der Brunnenanlage führt eine schmale Gasse auf den Neustädter Kirchhof. Wir stehen vor der größten Kirche der Stadt, die wie die meisten der Quedlinburger Sakralbauten eine recht komplizierte Baugeschichte hat. Gegründet wurde sie der Überlieferung nach auf Baumstämmen, die in den morastigen Boden im Überschwemmungsgebiet der Wilden Bode eingerammt wurden. Der dreischiffige gotische Bau ist in mehreren Etappen nach jeweils abgewandelten Bauplänen entstanden. Ein romanischer Vorgänger war auch hier vorhanden. Reste sind an der Ostwand des südlichen Seitenschiffs erkennbar. Der Bau des Westwerks mit der Zweiturmgruppe und dem dreistufigen Säulen-

Hotel »Zur Goldenen Sonne«.

portal ist um 1240 begonnen worden. Im 14. Jahrhundert wurde von Osten her ein Neubau des Chors in Angriff genommen. Aus dem 15. Jahrhundert stammen der Kapellenbau im Nordosten und die Sakristei an der Südostseite. Kanzel und Hochaltar sind barock. An der nördlichen Außenwand befindet sich eine Darstellung des heiligen Nikolaus. Einer Sage nach sollen die Türme aus dem Erlös eines Goldschatzes errichtet worden sein, den ein Schäfer mit seinem Hund beim Hüten in der Feldflur gefunden hatte.

Wir verlassen den Neustädter Kirchhof durch einen Torbogen, der unter einem Fachwerkhaus – der Küsterei – hindurch zurück auf den **Steinweg** führt. Die Straße ist fast ausnahmslos mit großen, mehrgeschossigen Ackerbürgerhäusern bebaut. Viele stammen aus der zweiten Hälfte des 17. Jahrhunderts, der zweiten großen Blüteperiode des Quedlinburger Fachwerks, wie zum Beispiel das **ehemalige Gasthaus »Zur Börse«** (Steinweg 23). Es ist 1683 gebaut worden und gilt als der letzte bedeutende Fachwerkbau der

Der größte Fachwerkbau Quedlinburgs steht am Steinweg.

Stadt. In die gleiche Stilperiode gehört auch Steinweg 68, restauriert in den achtziger Jahren von polnischen Denkmalpflegern aus Torun. Der massive Steinbau (Steinweg 21) gehörte einst als Herberge zum Augustinerkloster. In halber Höhe ist eine steinerne Atlantenfigur angebracht. Einer Inschrift zufolge soll das Gebäude angeblich aus dem Jahre 1050 stammen. An das Augustinerkloster erinnert heute nur noch ein Straßenname. Der **Augustinern** verläuft parallel zum Steinweg und ist im Gegensatz zu diesem mit kleinen, bescheidenen Fachwerkhäuschen bebaut, in denen Tagelöhner und Landarbeiter lebten. Wir folgen dem Steinweg in östlicher Richtung. An seinem Ende stand bis 1871 das Oeringer Tor. Der viergeschossige, giebelbekrönte Fachwerkbau Steinweg 33 (erbaut 1716) ist eines der höchsten und größten Fachwerkhäuser der Stadt. Die Torfahrt und die dreifach übereinander gestaffelten Ladeluken weisen es als wohlhabendes Ackerbürgeranwesen aus.

Tagelöhnerhäuser im Augustinern.

Schräg gegenüber steht das **Geburtshaus der ersten deutschen Ärztin Dorothea Christiana Erxleben** (Steinweg 51). Hier erblickte sie am 13. November 1715 als Tochter des angesehenen Quedlinburger Arztes Dr. Christian Polykarp Leporin das Licht der Welt. Eine Tafel weist darauf hin. Nach ihrer Heirat mit dem Diakonus an der Nikolaikirche, Johannes Erxleben, bewohnte sie das Pfarrhaus in der Kaplanei 10.

Das Gebäude Steinweg 33 blickt mit seiner vielfenstrigen Fassade in die **Ballstraße**, die an dieser Stelle in den Steinweg einmündet. Die baumbestandene Verbindung zur Kaiserstraße trägt noch heute dörflichen Charakter. Wir folgen ihr bis zur links abzweigenden, engen Mauerstraße und erreichen die stille, verträumte Gasse »**Hinter der Mauer**«. Kleine, windschiefe Fachwerkhäuschen, einst Wohnstätten von Tagelöhnern und Altenteilern, begleiten den Mauerzug der Neustädter Stadtmauer, der an dieser Stelle durch drei Türme verstärkt war. Nur der mittlere von ihnen, der **Gänsehirtenturm**, ist noch in seiner ursprünglichen Gestalt erhalten geblieben. Der **Schweinehirtenturm** ist in eine Gruppe kleiner Häuser integriert worden und kaum noch zu erkennen. Den **Turm op'n Tittenplan** ließ ein späterer Besitzer um die Jahrhundertwende im Geschmack der Zeit mit Ecktürmchen verzieren. Der Mauer folgend, erreichen wir die Kaiserstraße. Der nächste Wachturm, der **Kaiserturm**, ist ebenso wie der Schweinehirtenturm verbaut und nur noch von der Gartenseite aus sichtbar. Die Kaiserstraße mündet in die Pölkenstraße ein. Etwa 50 Meter weiter links befand sich das zweite Stadttor der Neustadt, das Pölkentor, in dessen unmittelbarer Nähe das Schweinehirtenhaus stand. Die links abbiegende Bahnhofsstraße wurde 1862 angelegt und bebaut, als Quedlinburg Anschluß an das Eisenbahnnetz erhielt.

In leichtem Bogen geht die Pölkenstraße in die **Heilige-Geist-Straße** über. Sie führt an der Stadt- und Kreisbibliothek, der Carl-Ritter-Schule und dem Landratsamt vorbei in Richtung Steinbrücke. Vor den Toren von Alt- und Neustadt lag das Sankt-Spirtus-

Hospital. Seine einschiffige gotische Kapelle befand sich an der Stelle des heutigen Landratsamtes. 1906 wurde sie abgerissen. Der Magistrat legte die 1233 erstmals erwähnte Stiftung für Arme und Gebrechliche mit dem Johanneshospital in der Süderstadt zusammen und ließ dort eine neue, größere Kirche errichten. Die Grundstücke in der Heiligengeiststraße wurden an Gewerbetreibende verkauft. Eine repräsentative Geschäftsstraße mit großen Jugendstilgebäuden stellte nun die Verbindung zwischen Markt und Mathildenbrunnen dar. Besonders sehenswert ist das **Eckhaus Steinbrücke 11**, erbaut 1903, mit dem Putzrelief einer überlebensgroßen Flora an der Fassade. Ihm schließen sich in der angrenzenden kleinen Straße »**Am Hospital**« kleine Fachwerkhäuschen mit barocken, holzgeschnitzten Giebeln an. Es sind ehemalige Wohnungen des Sankt-Spiritus-Hospitals, die vom Abriß verschont blieben. An der Gaststätte »Goldener Ring« biegt der Neue Weg in die Heilige-Geist-Straße ein. Früher sezte er sich als »Kleiner Neuer Weg« bis zum Spiritushospital fort. Seine Bewohner gehörten zu einer Vorstadtgemeinde, der Neuweger Kommune. Sie unterstand ebenso wie das Westendorf der Stiftsregierung. Im Mittelalter befand sich auf dem Neuen Weg eine Gerichtsstätte, »Der Hohe Baum«. Hier wurden 1338 die Sühneverhandlungen der Stadt mit Graf Albrecht II. von Regenstein, dem legendären »Raubgrafen«, geführt.

Blick in die Heilige-Geist-Straße.

Ein Stadttor am Beginn der Steinbrücke bildete den Zugang zur Altstadt. Die Straße trägt ihren Namen zu Recht: eine über 80 Meter lange, steinerne Brücke überspannt das früher oft überschwemmte und sumpfige Gelände zwischen zwei Bodearmen und sicherte bereits seit dem Beginn des 13. Jahrhunderts den Kaufleuten eine trockene Zufahrt zum Markt. Die Brückenbögen sind noch heute in den Kellern der die Straße säumenden Häuser erhalten. Durch die Fußgängerzone erreichen wir den Markt; wir überqueren ihn und gelangen hinter dem Rathaus rechts in die Bockstraße, die zweite Fußgängerzone der Stadt. Über den Steinweg geht es nun zum Mathildenbrunnen zurück.

Goldscheibenfibel im Schloßmuseum.

Museen und Galerien

Schloßmuseum • Klopstockmuseum • Fachwerkmuseum
Feininger Galerie • Galerie Q-Art

1. Schloßmuseum

Quedlinburg besitzt sehenswerte Museen, Gedenkstätten und Galerien. Das Schloßmuseum ist in den ehemaligen Wohngebäuden des Freiweltlichen Frauenstifts untergebracht. Sie gruppieren sich als Pendant zur romanischen Stiftskirche um den westlichen Innenhof und waren im Verlauf der Jahrhunderte in weit stärkerem Maße Umbauten und Veränderungen unterworfen als diese. Ihre meist mittelalterlichen Grundmauern tragen Stockwerke aus verschiedenen Zeiten und Stilepochen von der Gotik bis zum Barock. Der Residenzbau an der Nordseite ist im 16. Jahhundert erneuert worden und wird durch Renaissancegiebel geschmückt. Nach Osten schließen sich die aus dem Barock stammenden Fachwerkaufbauten der Dechanei an, die ebenfalls auf einem älteren Erdgeschoß ruhen. Im Südflügel war zu Zeiten des Stifts das Schlafhaus untergebracht. Die Alte Abtei vor dem Ostgiebel ist 1803 eingestürzt und ebenso wie die 1846 abgebrannte Wohnung der Pröbstin auf der Südterrasse nicht wieder aufgebaut worden. Nicht mehr vorhanden ist auch die sogenannte Regierung, ein langgestrecktes Gebäude in der Verlängerung des heutigen »Schloßkrugs am Dom«.

1928 übernahm die Stadt Quedlinburg die Schloßgebäude, die bis dahin Besitz des preußischen Staates waren, und eröffnete am 8. Mai 1929 im Nordflügel das Schloßmuseum. Quedlinburg besaß bereits im 19. Jahrhundert eine Kunst- und Altertumssammlung. Sie war zunächst in der Rüstkammer des Rathauses und später im Klopstockhaus untergebracht. Als die Bestände immer mehr anwuchsen, wurde 1901 ein eigenes Museumsgebäude (heute Lyonel-Feininger-Galerie) errichtet. Von hier aus zog die Sammlung schließlich ins Schloß um.

In den Räumen des Erdgeschosses im ehemaligen Residenzbau ist die ur- und frühgeschichtliche Abteilung untergebracht. Sie vermittelt anhand reichen Fundmaterials einen Überblick über die

Besiedlung der Gegend um Quedlinburg und macht die kulturhistorische Entwicklung der Region von der Altsteinzeit bis ins frühe Mittelalter deutlich.

Das heutige Bild der Landschaft zwischen dem Harzrand und den Schichtrippen des Quedlinburger Sattels ist im wesentlichen durch die Eiszeit geprägt worden. Aus dieser Epoche sind uns Reste einer reichen Tierwelt erhalten geblieben. Sie wurden in den zerklüfteten Schluchten der Seweckenberge drei Kilometer östlich der Stadt geborgen.

Erste Hinweise auf das Auftreten des Menschen in der Umgebung von Quedlinburg geben uns Quarzitgeräte von der Teufelsmauer. Sie stammen aus der Altsteinzeit und stellen eine örtliche Besonderheit im Vergleich zu den sonst üblichen Feuersteingeräten dar. Eine intensive Besiedlung setzte in der Jungsteinzeit im 4. Jahrtausend vor unserer Zeit ein. Sie konzentrierte sich auf die Randhöhen des Urstromtals der Bode und die Talhänge. Das Nordharzvorland war in dieser Zeit ein von Mitgliedern vieler Kulturen besiedeltes Gebiet. Sie unterschieden sich in der Form ihrer Keramik, in ihrer Siedlungsweise und ihren Bestattungssitten. Besonders reich vertreten sind Funde aus der Linienbandkeramik und der Bernburger/Walternienburger Kultur, deren Träger in und um Quedlinburg die ersten befestigten Höhensiedlungen anlegten und für ihre Sippenangehörigen große Holzkammergräber bauten (Kreienkopp bei Ditfurt). Auch die spätneolithische Schnurkeramik und die ihr eng verwandte Schönfelderkultur sind häufig belegt.

Die Bronzezeit ist in unserer Gegend vorwiegend mit Gräbern und Hortfunden vertreten. Eine ganze Gruppe von großen bronzezeitlichen Hügelgräbern wurde in der Nähe von Quedlinburg – in Haurichs Holz zwischen Westerhausen und Timmenrode – ausgegraben. Eine Rekonstruktion befindet sich im Ausstellungsraum 2. Vom Lehof bei Quedlinburg stammt einer der bedeutendsten Hortfunde des nördlichen Harzvorlandes. Aus der frühen Eisenzeit wurden Gräber und Siedlungen, mehrfach auch Reste von Schmelzöfen gefunden. Unter den Keramikfunden sind die Haus- und Gesichtsurnen besonders interessant. Zwei schöne Exemplare der Sammlung stammen aus Königsaue und Neinstedt.

In den ersten Jahrhunderten unserer Zeit gehörte die Gegend zum elbgermanischen Kulturkreis. Archäologisch spiegelt sich das zum Beispiel in den Knopfhenkelschalen wider. Beziehungen zum Römischen Reich lassen sich durch Funde von Münzen und Terrasigillata-Ware, einer roten, hart gebrannten Importkeramik, nachweisen. Hunnischen Einfluß verrät das Grab einer jungen Frau mit

Der hölzerne »Raubgrafenkasten« im Schloßmuseum.

künstlich deformiertem Schädel aus der ersten Hälfte des fünften Jahrhunderts. In der Folgezeit gehört die Umgebung von Quedlinburg zur Einflußsphäre des Königreichs der Thüringer. Neben die bis dahin handgeformte Keramik tritt allmählich die Thüringer Drehscheibenware. Erst im 7. Jahrhundert wird im Fundmaterial zunehmend der Einfluß der Franken spürbar, die 531 das thüringische Reich zerstört hatten.

In den folgenden Räumen des Untergeschosses sind Exponate zur Stadt- und Stiftskirche ausgestellt. Zu den interessantesten Austellungsstücken gehört eine Balliste, ein Pfeilwurfgeschütz aus dem 14. Jahrhundert, das Graf Albrecht II. von Regenstein der Überlieferung nach bei der Belagerung der Stadt 1337 benutzt haben soll. Ob der große hölzerne »Raubgrafenkasten« wirklich sein Gefängnis war, läßt sich nicht sicher nachweisen.

In der oberen Etage befanden sich die Empfangs- und Gesellschaftsräume des Stifts. Zwischen 1718 und 1755 erhielten sie eine neue Innenausstattung mit herrlichen Stuckdecken im Régencestil. Die Decke des Speisesaals zeigt feines Bandelwerk und Paradiesvögel unter Baldachinen. Sie ist durch zwei tiefe Unterzüge längsgeteilt. Die Nischen der drei auf den Jägergarten hinausgehenden Fenster sind ebenfalls stuckiert. Der Fußboden zeigt ein großflächi-

Porträt der Äbtissin Anna II. von Stolberg.

ges Einlegemuster. Der Kamin des angrenzenden Raumes weist ebenso wie die Decke Stuck auf. Das Stilleben darüber soll von einer der bekanntesten Stiftsdamen, der Gräfin Aurora von Königsmarck, gemalt worden sein. Sie war von 1704 bis 1718 Pröpstin des Freiweltlichen Stifts und gehörte zu den Mätressen des Kurfürsten August des Starken von Sachsen. Der Thron- oder Audienzsaal besitzt ein schönes, strahlenförmiges Parkett. Es läuft zwischen den Fenstern an der Westseite, wo der Thron stand, zusammen. Die Stuckdecke zeigt Medaillons mit Vögeln. Die klassizistischen Tür- und Kamindekorationen im Thronsaal und im angrenzenden Wohntrakt, der Neuen Abtei, ließ die letzte Äbtissin des Stifts, Prinzessin Sophie Albertine von Schweden (1787 – 1802), ausführen. Das Wohnzimmer der Äbtissin ist mit einem herrlichen Parkettfußboden in kreisförmiger Musterung ausgestattet. Das Mobiliar gehört in die Zeit des Biedermeier. Die Kachelöfen sind klassizistisch. Im letzten kleinen Raum, dem Ankleidezimmer, ist eine bedruckte Leinentapete erhalten geblieben. An den Wänden der Repräsentationsräume hängen Porträts der Äbtissinnen des Frauenstifts; die ältesten stammen aus dem 16. Jahrhundert.

Das Klopstockhaus ist das Geburtshaus des großen Dichters.

Von der ursprünglichen Einrichtung des Schlosses ist fast nichts mehr vorhanden. 1813 ließ König Jérôme von Westfalen, ein Bruder Napoleons, die gesamte Ausstattung an Möbeln und Wertgegenständen versteigern. Als Theodor Fontane im vorigen Jahrhundert Quedlinburg besuchte, empfing ihn in den Sälen gähnende Leere. Er beschreibt seine Eindrücke sehr anschaulich in seiner Novelle »Cécile«. Die heutigen Bestände wurden aus der Kunst- und Altertumssammlung der Stadt, Geschenken und Spenden von Bürgern und aus Leihgaben zusammengetragen.

2. Klopstockmuseum

Im November 1872 wurde auf Initiative des damaligen Quedlinburger Bürgermeisters Dr. Gustav Brecht ein Klopstockverein gegründet, der sich die Aufgabe stellte, eine historisch-kritische Gesamtausgabe der Werke des Dichters vorzubereiten. Zu diesem Zweck sollte alles gesammelt und zusammengetragen werden, was an handschriftlichem Nachlaß in Urschriften oder verläßlichen Kopien noch vorhanden war. Alle Gesamt- und Einzelausgaben seiner Werke sollten erworben werden, außerdem alles, was in der Literatur über ihn und seine Arbeiten erschienen war. 1896 übergab der Klopstockverein seine Sammlung und sein Vermögen der Stadt Quedlinburg, die im Juni 1897 anläßlich einer Zwangsversteigerung das Geburtshaus des Dichters am Schloßberg erwarb. Unter der Leitung von Baurat Laumer erfolgten der Um- und Ausbau und die Renovierung des Gebäudes. Spätere Einbauten wurden entfernt, um den Originalzustand weitgehend wiederherzustellen.

Erkerzimmer im Klopstockhaus.

1899 konnte das Haus anläßlich des 175. Geburtstages von Klopstock als Memorialmuseum der Öffentlichkeit übergeben werden. In den folgenden Jahren wuchs die Sammlung, bereichert durch Geschenke und Ankäufe, immer mehr an. Die Erben der zweiten Frau Klopstocks, Johanna Elisabeth von Winthems, übergaben dem Museum die Porträts der Eltern Klopstocks und Erinnerungsstücke aus seinem persönlichem Besitz. Wertvolle Handschriften, von denen bisher nur Abschriften im Bestand vorhanden waren, konnten im Original erworben werden.

Die Ausstellung würdigt Leben und Werk Friedrich Gottlieb Klopstocks, des ältesten aller Klassiker der deutschen Literatur, und versucht, sein literarisches und künstlerisches Erbe in seiner ganzen Vielfalt darzustellen. Sie zeigt sowohl den Sänger des »Messias« und den Verfasser unsterblicher Oden als auch den kritischen Zeitgeist. Wichtige Stationen seines Lebens werden nachgezeichnet – Quedlinburg, Friedeburg, die Schulzeit in der Fürstenschule Schulpforte, Studium in Leipzig, Reise nach Zürich zu Bodmer, Übersiedlung nach Dänemark und später nach Hamburg, wo er am 14. März 1803 starb. Ein weiterer Komplex befaßt sich mit den Wirkungen Klopstocks auf seine Zeitgenossen und auf das gegenwärtige literarische Schaffen. Ausgewählte Stilmöbel, Porträts und persönliche Erinnerungsstücke geben den Räumen Atmosphäre und vermitteln ein Stück bürgerlicher Wohnkultur des 18. Jahrhunderts.

Eingangstür zum Klopstockmuseum.

3. Fachwerkmuseum im Ständerbau

Im ältesten erhaltenen Fachwerkhaus in der Wordgasse 3 ist das Fachwerkbaumuseum untergebracht. Der Besucher wird im Eingangsraum über die baugeschichtliche Entwicklung des Hauses und seine Restaurierung in den Jahren 1966 bis 1968 informiert und lernt die Konstruktion eines Ständerbaus als Ausgangsform der Fachwerkbauweise kennen. Die Ausstellung gibt einen Überblick über die historische Entwicklung der Quedlinburger Altstadt und den Bestand und die Lage der erhaltenswerten Fachwerkbauten. Etwa 20 Prozent der 1500 Fachwerkhäuser der Stadt sind als Baudenkmale von hervorragender Bedeutung ausgewiesen. Anhand zahlreicher Beispiele wird die Stilentwicklung des Fachwerks über mehr als sechs Jahrhunderte illustriert. Außerdem werden bereits erfolgte Restaurierungen vorgestellt.

4. Lyonel-Feininger-Galerie

Am 17. Januar 1986 wurde in dem Gebäude des früheren städtischen Museums am Finkenherd die Lyonel-Feininger-Galerie eröffnet. Quedlinburg verdankt die international bedeutende Sammlung des deutsch-amerikanischen Malers und Grafikers Lyonel

Die Lyonel-Feininger-Galerie befindet sich im Gebäude des früheren städtischen Museums; rechts ein Fassadendetail.

Feiniger – die größte geschlossene Sammlung in Europa – dem Architekten Dr. Hermann Klumpp. Er hat sie vor der Vernichtung durch das Naziregime gerettet, als sein Freund und Lehrer am Bauhaus in Dessau Deutschland verlassen mußte. Die umfangreiche Sammlung enthält Holzschnitte, Lithografien, Radierungen, Aquarelle und einige wenige Gemälde aus der frühen Schaffensperiode des Künstlers. Die Galerie hat es sich zur Aufgabe gemacht, das Werk Feiningers, das in der Auseinandersetzung mit dem französischen Kubismus und dem deutschen Expressionismus entstanden ist, nach stilistischen und thematischen Gesichtspunkten zu erforschen und es einem großen Publikum zugänglich zu machen. Neben der ständigen Ausstellung finden jährlich mehrere

Sonderausstellungen statt, die sich vor allem mit dem künstlerischen Umfeld Feiningers beschäftigen und seinen Einfluß auf die gegenwärtige bildende Kunst aufzuzeigen versuchen.

5. Galerie Q-Art

Im »Weißen Engel« an der Ecke Altetopfstraße/Lange Gasse hat die Galerie Q-Art ihre Heimstatt. Junge Künstler aus der Stadt Quedlinburg und ihrer näheren Umgebung haben sich zu dieser Gruppe zusammengeschlossen und präsentieren in einer attraktiven Verkaufsausstellung ihre Werke. Das Angebot reicht von Malerei und Grafik bis zu Metallgestaltung, Keramik, Textilem, Schmuck und Plastiken.

GOSLAR
Oker
Harlingerode
Schlewecke
Göttingerode
Bündheim
Bad Harzburg
Lochtum
Abbenrode
Vienenburg-Süd
Bettingerode
Westerode
Eckertal
Stapelburg
Wasserleben
Veckenstedt
Langeln
Heudeber
Schmatzfeld
Reddeber
Ilsenburg
Drübeck
Altenrode
Darlingerode
WERNIGERODE
Nöschenrode
Hasserode
Goslarer Stadtforst
Romkerhaller Wasserfall
Kästeklippe
Oker-Stausee
Schulenberg i.Oberharz
Altenau
Dammhaus
Oderteich
Oderbrück
Achtermannshöhe
Brocken
Rennecken-bg.
Hohneklippen
Brockenbahn
Schierke
Wurmberg
Königskrug
Rehberg
St. Andreasberg
Braunlage
Elend
Rothehütte
Königshof
Königshütte
Rübeland
Rauher Jakob
Harzquerbahn
Elbingerode
Tanne
Trautenstein
Sorge
Hohegeiß
Benneckenstein Harz
Sieber
Langfast
Silberhütte
Harz-Heide-Straße
Oderhaus
Oder-Stausee
Kupferhütte
Gr. Knollen
Wieda
Zorge
Walkenried
Unterzorge
Sülzhayn
Ellrich
Werna
Rothesütte
Sophienhof
Netzkater
Ilfeld
Bad Lauterberg i. Harz
Berghotel Ravensberg
Wiesenbeker Teich
R. Scharzfels
Barbis
Bartolfelde
Osterhagen
Bad Sachsa
Steina
Nüxei
Neuhof
Tettenborn
Klettenberg
Wiedigshof
Appenrode
Gudersleben
Woffleben
Niedersachswerfen
Harzungen
Osterode
Silkerode
Weilrode
Bockelnhagen
Zwinge
Weißenborn-Lüderode
Limlingerode
Mackenrode
Holbach
Obersachswerfen
Liebenrode
Mauderode
Hörningen
Rüdigsdorf
Krimderode
Stöckey
Schiedungen
Pützlingen
Günzerode
Hochstedt
Herreden
Salza
Steinsee
Gerode
Steinrode II
Etzelsrode
Kleinwechsungen
Bischofferode
Sonnenstein
Steinrode
Trebra
Friedrichsthal
Gratzungen
Bliedungen
Haferungen
Immenrode
Hesserode
Großwechsungen
Oberharz

HALBERSTADT
BLANKENBURG
QUEDLINBURG
BALLENSTEDT
THALE
HARZGERODE
GERNRODE
KURORT STOLBERG
DERENBURG
WEGE-LEBEN
HOYM
GÜNTERSBERGE
Aspenstedt
Klein Quenstedt
Groß Quenstedt
Emersleben
Deesdorf
Dalldorf
Danstedt
Ströbeck
Liebfrauen-K.
Dom
Heteborn
Adersleben
Rodersdorf
Wichhäuser Mühle
Mahndorf
Spiegelsberge
Goldbach
Harsleben
Hedersleben
Hausneindorf
Böhnshausen
Langenstein
Mahn- u. Gedenkstätte
Wedderstedt
Heidberg
Münchenhof
Ditfurt
Gatersleben
Heimburg
Pfeifenkrug
Regenstein
Börnecke
Lessingpl.
Westerhausen
Selke
Oesig
Morgenrot
Stifts-K.
Altstadt
Cattenstedt
Timmenrode
Warnstedt
Weddersleben
Badeborn
Hüttenrode
Wienrode
Bode
Neuwerk
Neinstedt
Radisleben
Wendefurter Becken
Forst
Rieder
Asmusstedt
Stecklenberg
Bad Suderode
Stiftskirche
Opperode
Altenbrak
Gr. Stemmberg
Treseburg
Blankenburg
Bodetal
Friedrichsbrunn
Ramberg
Meisdorf
Burg Falkenstein
Allrode
Burg Anhalt
Stiege
Pansfelde
Siptenfelde
Eine
Horbeck
Albrechtshaus
Friedrichshöhe
Molmerswende
Tilkerode
Silberhütte
Schielo
Steinbrücken
Abberode
Breitenstein
Unterharz
Straßberg
Neudorf
Königerode
Ritzgerode
Birkenkopf
Hermerode
Dankerode
Braunschwende
Hainfeld
Gr. Auerberg
Schloß Fachwerkbauten
Hayn
Wipper
Kurort Wippra
Schwenda
Wolfsberg
Paßbruch
Hayda
Stolberg
Herrmannsacker
Rodishain
Rotha
Breitenbach
Horla
Dietersdorf
Stempeda
Morungen
Wettelrode
Rottleberode
Uftrungen
Hainrode
Lengefeld
Breitungen
Agnesdorf
Questenberg
Großleinungen
Heimkehle
NSG

Klopstockdenkmal im Brühl.

Ausflüge

Die Stadt Quedlinburg liegt am Nordrand des Harzes in einer reizvollen, abwechslungsreichen Hügellandschaft, die geprägt ist durch die bewaldeten Höhenzüge und schroffen Sandsteinklippen des Quedlinburger Sattels. Er ist eine Auffaltung der Kreidezeit und verläuft parallel zum Harzrand. Knapp 10 Kilometer südlich steigt das Gebirge unvermittelt aus der Ebene auf. Dort, wo die aus dem Harz kommende Bode den Sattel durchbricht, liegt heute das Stadtgebiet.

Vom Schloßberg aus bietet sich dem Betrachter ein beeindrukkendes Bild dieser Landschaft. Im Süden begrenzen die Ketten der Harzberge den Horizont. Nach Norden öffnet sich der Blick über die Dächer der Stadt hinweg ins Vorland mit seinen fruchtbaren Fluren, in die kleine Waldungen eingestreut sind. Im Osten sind in der Ferne die Seweckenberge und die Gegensteine bei Ballenstedt zu erkennen. Von Westen her grüßt bei klarer Sicht der Brocken herüber. Dem Spaziergänger wie auch dem Wanderer bietet sich eine Vielfalt von Möglichkeiten zu erlebnisreichen und erholsamen Ausflügen in die nähere Umgebung.

1. Brühl

Südlich des Schloßbergs liegt der Brühl, ein Stadtwäldchen mit langer historischer Tradition und schönem alten Baumbestand. Er ist ein Auenwald am Flußlauf der Bode. Bereits 1179 wird er urkundlich erwähnt. Damals befand er sich im Besitz des nahegelegenen Wipertiklosters. 1277 verbot Stiftsäbtissin Bertradis den Mönchen bei höchster Strafe, sich dort aufzuhalten. Der Legende nach ließ sie zur Abschreckung der dort heimlich lustwandelnden Stiftsdamen stinkenden Bärlauch anpflanzen, der sich bis heute nicht wieder ausrotten ließ. Der intensive Geruch der langwallenden Rocksäume verriet alle Ungehorsamen.

Man erreicht den Brühl vom Parkplatz Carl-Ritter-Straße aus durch den Wordgarten. Die heutige Parkanlage ist ein Teil des früheren, zum Stift gehörenden Propsteigartens. Eine kleine Brükke führt über den Stiefelgraben. In gerader Richtung geht es weiter bis zur Kreuzung an der Kaiser-Otto-Straße. Von dort aus sieht man

Die Teufelsmauer bei Weddersleben.

halblinks den Brühl liegen. An seinem Eingang vor dem villenartigen Gebäude des Wasserwerks hat die Stadt ihrem verdienten Bürgermeister und Heimatforscher Dr. Gustav Brecht (1869 bis 1904) ein Denkmal gesetzt. Bevor man die Brühlgaststätte erreicht, lenkt zur Linken ein neogotischer Obelisk die Blicke auf sich. Er wurde für Carl Ritter, den 1779 in Quedlinburg geborenen Begründer der vergleichenden Erdkunde und späteren Professor an der Humboldt-Universität, errichtet. Die bronzene Büste ist das Werk des Quedlinburger Bildhauers Uhlenhut. Das dritte Denkmal im Brühl ist dem größten Sohn der Stadt, Friedrich Gottlieb Klopstock, gewidmet. Den Entwurf schuf Karl Friedrich Schinkel, die Büste Christian Friedrich Tieck. Die Inschrift auf der Bronzetafel ist der Klopstockode »Mein Wäldchen« entnommen. Sie gibt die Schlußstrophe in etwas abgewandelter Form wieder.

Die sagenumwobene Roßtrappe.

Am Ende des Brühls erstreckt sich rechts der Schafbrücke ein bewaldeter Höhenzug, die Altenburg. Von ihrem Kamm aus hat man einen schönen Blick auf die Silhouette der Stadt und die Türme der Stiftskirche. Zu diesem Zweck ließ der Verkehrs- und Verschönerungsverein um die Jahrhundertwende die Altenburgwarte, eine der elf Feldwarten, zu einem Aussichtsturm umbauen. Heute ist die Warte wegen ihres desolaten Zustands leider nicht mehr zu besteigen. Im Ostteil des langgestreckten Höhenzugs befinden sich im Sandstein unterirdische Höhlen. Dort waren im Zweiten Weltkrieg die Museumssammlungen und der berühmte Domschatz bombensicher ausgelagert. Auf dem Bergplateau befand sich eine befestigte jungsteinzeitliche Höhensiedlung. Der Kammweg führt durch Fichtenbestände und dichten Mischwald zum Rennplatz am Eselstall. Über den Grüntalsweg gelangt man zurück in die Stadt.

Blick vom Hexentanzplatz bei Thale auf Roßtrappe und Bodetal.

Bergtheater bei Thale.

2. Seweckenwarte

Reizvoll ist auch eine Wanderung zur Seweckenwarte. Vom Bahnhof aus geht man über den Harzweg und biegt links in die Stresemannstraße ein. Sie führt am Johanneshain entlang. Auf der gegenüberliegenden Straßenseite steht die 1906 erbaute Kirche des ehemaligen Johanneshospitals, einer wohltätigen Stiftung, die weit ins Mittelalter zurückreicht. Zu Anfang unseres Jahrhunderts wurde sie mit dem Sankt-Spiritus-Hospital in der Heiligengeiststraße zusammengelegt. Aus dieser Zeit stammt neben der neuen Kirche auch der gesamte die Kirche umgebende Komplex der Backsteinbauten. Die kleine, einschiffige Hospitalkirche aus dem 12. Jahrhundert mit einem späteren Fachwerkanbau wirkt dagegen wie eine Dorfkirche. Hinter dem Neubaugebiet Süderstadt fließt unterhalb des Ochsenkopfs der Hakelbach. Vor Jahrhunderten befand sich hier ein Teich in sumpfigem Gelände. 1337 nahmen die Quedlinburger an dieser Stelle Graf Albrecht II. von Regenstein gefangen, mit dem die Stadt in Fehde lag. Ihm gehörte die Gersdorfer Burg. Sie liegt nicht weit entfernt in östlicher Richtung und bot ihm ein wichtiges Standquartier bei der Belagerung Qued-

linburgs. Der Überlieferung nach soll er im hölzernen »Raubgrafenkasten« – heute im Schloßmuseum – seine Strafe verbüßt haben.

Nach dem Anstieg auf die bewaldete Höhe geht es über den Ochsenkopf und die Radelberge mit einer jungsteinzeitlichen Höhensiedlung in Richtung Seweckenwarte. Sie gehörte ebenso wie der Altenburgturm zum mittelalterlichen Wartensystem, das die Quedlinburger Feldflur schützte. Ihren Namen trägt sie nach dem Höhenrücken, auf dem sie steht. In unmittelbarer Nähe befand sich eine kleine Herrenburg, von der nur noch wenige Überreste vorhanden sind. Aus den Schluchten der Seweckenberge wurde bereits im 17. Jahrhundert das Rohmaterial für eine nahegelegene Kalkbrennerei gewonnen. Sie sind eine reiche Fundstelle fossiler Tierknochen. Schon 1677 entdeckte der Kalkbrenner Giebel dort die Reste eines Wollhaarnashorns. Sie regten den Gelehrten Leibniz zu einer Rekonstruktionszeichnung des sagenhaften Einhorns an (Funde im Schloßmuseum). Am südlichen Fuß der Seweckenberge liegt die Gersdorfer Burg, von der ein Turm erhalten ist. Das dazugehörige Dorf wurde bereits im 12. Jahrhundert zur Wüstung. Der Rückweg führt auf der Straße südlich der Berge zur Stadt.

3. Harz

Quedlinburg ist ein sehr günstiger Ausgangspunkt für Ausflüge und Wanderungen in den Harz. Knapp 10 Kilometer entfernt und mit Bus und Bahn zu erreichen, liegt Thale am Eingang zum Bodetal. Die steilen, schroffen Granitwände, in die sich der schäumende Fluß tief eingegraben hat, sind das Glanzstück des Harzes, sein schönster und charakteristischster Teil. Eine Kabinenschwebebahn verbindet das Tal mit dem Hexentanzplatz und dem Harzer Bergtheater, einer der ältesten und schönsten Naturbühnen Deutschlands.
Der Sage nach sprang einst die Prinzessin Brunhilde auf der Flucht vor dem Ritter Bodo über die Schlucht. Der Huf ihres Pferdes grub sich beim Sprung tief in den gegenüberliegenden Felsen ein. Dem Hufmal verdankt die Roßtrappe ihren Namen. Bodo, der ihr nachsetzte, stürzte in den Bodekessel, wurde in einen schwarzen Hund verwandelt und muß dort die verlorene Krone Brunhildes bewachen. Unvergeßlich ist eine Wanderung entlang der Bode nach Treseburg (10 Kilometer).

Einen ganz anderen Charakter trägt das Selketal. Weite Wiesen und sanfte Hänge säumen den Lauf des Flüßchens. Von Gernrode aus kann man es mit einer historischen Schmalspurbahn erreichen. Vorher ist ein Besuch der romanischen Stiftskirche Sankt Cyriakus zu empfehlen.

Vielfältige Wanderungen und winterliche Skitouren sind vom 582 Meter über NN gelegenen Friedrichsbrunn aus möglich, das man über Suderode erreicht.

Ein interessantes Naturdenkmal in unmittelbarer Nähe Quedlinburgs ist die Teufelsmauer. Der wild zerklüftete Sandsteinrücken beginnt bei Weddersleben. Nach der Ortsdurchfahrt biegt rechts vor der Friedensbrücke in Richtung Neinstedt ein schmaler Fußweg ab, der zunächst dem Lauf der Bode folgt und dann die Felsklippen emporsteigt. Er führt nach Warnstedt. Von der Höhe hat man einen herrlichen Blick in das Vorland und auf die nahen Harzberge.

Um die bizarren Sandsteingebilde rankt sich eine Sage: Einst wettete der Teufel mit Gott, daß er es schaffen würde, in einer Nacht eine Mauer um die Erde zu ziehen. Alles, was er bis zum ersten Hahnenschrei des neuen Tages eingegrenzt hätte, sollte ihm gehören. Als morgens der Hahn krähte, hatte er es nicht geschafft. Voller Wut warf er den letzten Felsbrocken, den er noch in den Händen hielt, auf die Mauer und zertrümmerte selbst sein Werk. Was davon blieb, ist die Teufelsmauer.